제주유배길에서 만난 사람들

제주유배길에서 만난 사람들

| 양진건 지음 |

제주대학교출판부
JEJU NATIONAL UNIVERSITY PRESS

책을 펴내며

2010년 지식경제부 광역경제연계협력사업인 〈제주유배문화의 녹색관광자원화를 위한 스토리텔링 콘텐츠 개발사업〉이 순항을 하여 2012년 5월말로 2차년도 사업을 무사히 마무리했다. 2010년 10월부터 시작된 1차년도에는 제주유배길 조성사업의 일환으로 추사유배길이 만들어지면서 관련 스토리북(Story Book)인『제주유배길에서 추사를 만나다』(푸른역사, 2011)를 출간하여 시중의 호평을 받았다.

2011년 6월부터 시작된 2차년도 사업에서는 2개의 제주유배길이 조성되었는데 면암유배길과 성안유배길이 바로 그것이며 이와 관련하여 만들어진 스토리북이 바로『제주유배길에서 만난 사람들』이다. 더욱이 이번의 스토리북은 제주대학교출판부에서 제주학총서의 한권으로 출간됨으로써 그 의미가 더욱 깊다고 할 수 있다.

『제주유배길에서 추사를 만나다』가 제주도 대정현에서 유배생활을 했던 추사 김정희 한사람만을 다룬 것이라면『제주유배길에서 만난 사람들』은 주로 제주목에서 유배생활을 했던 여러 명의 유배인들을 종합적으로 다루었다는 점에서 그 차이가 있다고 하겠다.

그동안 〈제주유배문화의 녹색관광자원화를 위한 스토리텔링 콘텐츠 개발사업〉을 하면서 3개의 유배길 조성 외에도 유배영화제, 유배음악제, 유배꽃차전시회, 유배밥상전시회, 유배상품 개발, 유배해설사 양성 등 그야말로 다양한 시도를 했으며 그 덕분에 제주유배문화 콘텐츠는 이제 제주도의 독특한 관광 상품으로 자리매김할 수 있게 되었다고 해도 과언이 아니다.

스토리텔링(storytelling)은 과거의 스토리(story)와 미래의 텔링(telling)을 통해 현재에 창조적이고 생산적인 에너지를 제공하는 일이다. 이런 점에서 그동안 제주유배라는 대표적인 과거의 스토리(story)를 가지고 다양한 콘텐츠 개발을 통한 텔링(telling) 작업을 시도함으로써 제주유배문화를 창조적이고 생산적인 녹색관광자원을 만들어낼 수 있었던 것이야말로 우리가 했던 사업의 가장 큰 의의라고 할 수 있다.

그런 점에서 『제주유배길에서 만난 사람들』에서 만나는 과거의 스토리들은 단순한 과거의 이야기들이 아니다. 본 책자는 역사 저술이 아니라 스토리북이다. 스토리북이란 광활한 스토리계를 떠다니는 주인 없는 이야기들을 모은 책자라고 이해하면 좋을 듯하다. 롤랑 바르트(Roland Barthes)의 지적을 굳이 빌지 않더라도 이야기의 최종 목적은 독자를 텍스트의 소비자가 아니라 생산자로 만드는 것이다. 따라서 스토리북은 일반 독자들의 생산성을 도와주기 위한 책자인 것이다.

따라서 『제주유배길에서 추사를 만나다』와 『제주유배길에서 만난 사람들』을 통해 독자들은 제주유배의 이야기를 다양한 뉴미디어 매체로 다시 만들어 나갈 수 있는 미래지향적인 저자들로 거듭 태어나길 바라마지 않는다. 제주유배길 홈페이지(http://www.jejuyubae.com)를 접속해 보면 이것이 무엇을 의미하는 말인지 이해할 것이다. 『제주유배길에서 추사를 만나다』를 근거하여 만들어진 추사유배길 게임 같은 것이 그 대표적인 예라고 할 수 있다.

『제주유배길에서 만난 사람들』에서는 면암 최익현을 비롯하여 여러 제주유배인의 이야기가 등장한다. 그들이 유배생활을 했던 제주목은 조선시대 제주도의 3개 행정구역 가운데 가장 유배인이 많이 왔던 지역이다. 조선시대 제주도에는 270여명의 유배인들이 내도를 했지만 그 가운데 대정현에는 조선중기에, 제주목에는 조선후기에 들어 집중적으로 내도를 했었다. 그래서 대정현의 유배이야기와는 다른 이야기가 이곳에 집중되어 있다.

제주목의 대표적인 유배인 가운데 한 사람인 면암 최익현은 조선시대 마지막 자존심이라고 할 수 있는 사람이다. 그를 대상으로 콘텐츠를 만들겠다는 발상이 자칫 경솔하게 여길지도 모르지만 자라나는 세대들에게 조국과 민족을 알릴 수 있는 콘텐츠로 이만한 사람도 드물다. 그래서 이런 점에 주목하여 『제주유배길에서 만난 사람들』에서는 면암 최익현에 대해 많은 부분을 할애하였고 특히 그분의 호를 빌어 면암유배길을 조성하였다. 그밖의 다른 유배인들은 제주성안에서 유배생활을 했기 때문에 그들을 아우르는 성안유배길을 조성하고 그들의 이야기를 아울러 정리하였다.

2012년 6월부터 시작되고 있는 3차년도 사업에서는 더욱 다양한 작업이 이루어질 것이다. 앞으로 전국의 유배지를 대상으로 유배다큐멘터리를 만들어 보려는 작금의 계획이 부디 성공할 수 있기를 기대해 본다.

제주유배문화와 같은 전통문화를 문화콘텐츠로 만들려는 시도는 전국 곳곳에서 이루어지고 있다. 특히 역사스토리텔링의 방법이 세련됨에 따라 이러한 작업들은 더욱 정교화, 규모화 하고 있다. 바라건대 〈제주유배문화 스토리텔링 콘텐츠 개발사업〉이 이러한 전통문화의 문화콘텐츠화를 성공적으로 이끌어 나가는데 귀감이 될 수 있기를 빌어마지 않는다. 이러한 차원에서 『제주유배길에서 만난 사람들』의 출간은 그 의미가 크다.

이 책의 출간을 위해 애써준 제주대학교 스토리텔링 연구개발센터의 여러 연구원들과 대학출판부의 여러분들에게 진심으로 감사를 드린다.

2012년 여름
양진건

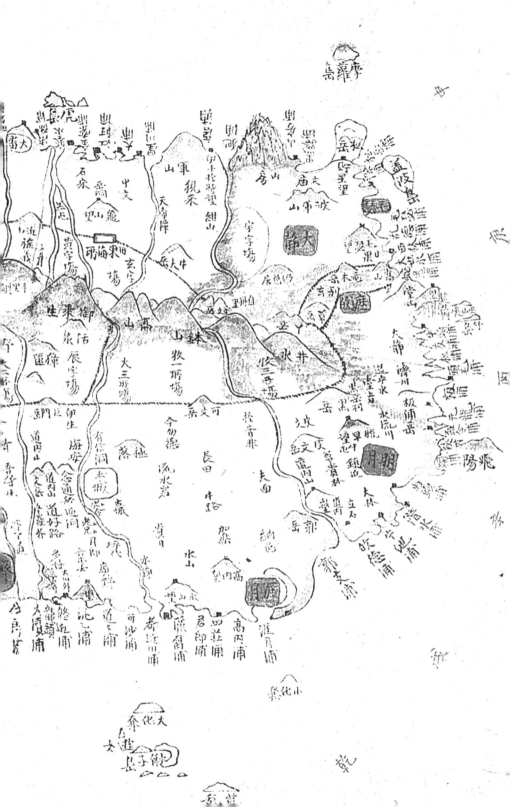

차례

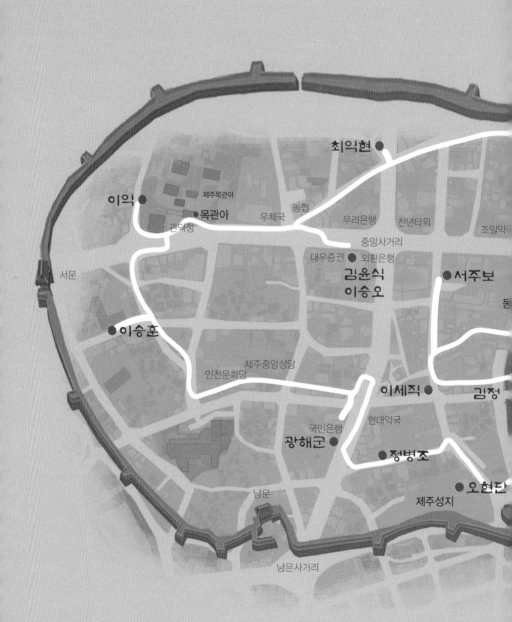

열 ●

산지천

동문로터리

●
깅진구
깅춘택

제주
성안 유배길

오현단

김 정 金淨_1486~1520

제주유배
1519년(중종 14)

이상정치 실현을 목적으로

새 임금을 세워 나라를 바로 잡겠다는 명분으로 연산군을 몰아내고 왕위에 오른 중종(中宗)은 정치개혁을 위해 명망 있는 신진 사림파들을 등용한다. 이에 중종의 지지를 얻은 조광조(趙光祖)와 김정 등 신진 사림파들은 이상정치 실현을 위해 개혁을 서두른다.

향약(鄕約)을 실시하고, 서적을 간행, 반포하였으며, 현량과(賢良科)를 설치하여 유능한 인재를 등용하였다. 현량과는 성품, 학식, 재능 등 7가지 항목을 종합하여 선발하는 새로운 인재 등용제도였다. 이를 통해 28명의 사림파들이 선발된다.

그들은 도학사상(道學思想)을 강조하면서 훈구파를 철저히 배척하였다. 특히 중종반정의 공신들 가운데 뚜렷한 공로가 없는 사람들을 골라내어 직위를 삭탈하고 전답과 노비를 국가에 귀속시키는 이른바 위훈삭제(僞勳削除)를 시행하였다. 백성들은 이들의 급진적인 개혁을 환영하였지만 정작 중종은 임금의 권위에 대한 압박으로 받아들여 사림파들을 경계하기 시작했다.

점차 중종은 사림파들의 급진적인 태도에 염증을 느끼게 되었고 이를 기회로 훈구파들은 역공을 펼친다. 훈구파들의 음모에 동조한 중종은 결국 신진 사림파들을 몰아내는데 이를 두고 기묘사화(己卯士禍)라고 한다. 이 때문에 조광조는 전라남도 능주로 유배되어 한 달 만에 죽고 김정은 금산을 거쳐 제주도로 유배된다.

비교적 순탄한 관료생활

김정은 1507년(중종 2) 문과에 급제한 이래 승승장구를 한다. 그러던 가운데 김정은 왕후신씨를 폐출한 중종의 처사를 비판하며 신씨 복위를 주장하는 상소를 했다가 보은에 유배된다. 그러나 얼마 뒤 재등용되고 그를 비판했던 세력들은 파직됨으로써 사태가 마무리된다. 이는 곧 사림파의 승리를 의미하는 것이었다. 1516년(중종 11)에 풀려난 김정은 이후 승승장구를 거듭하면서 형조판서에 임명된다. 이러한 그의 괄목할만한 정치적 성장은 사림파의 급속한 성장과 긴밀한 관계가 있었다.

이 시기에 대해 이렇게 요약하고 있다.

이때에 선생과 정암은 요순 같은 임금이 백성을 다스리도록 하는 것을 자신의 임무로 삼아 아는 것을 말하지 않는 것이 없었고 말하는 것은 곡진하지 않은 것이 없었다. 소학을 밝혀 어리석은 사람들을 가르치는 것을 돈독하게 하고 향약을 간행하여 백성들에게 윤리를 가르치고 소격서를 혁파하여 제사의 법도를 바르게 하고 현량과를 설치하여 뛰어난 인재들을 등용하고 남발된 공훈을 깎아서 공이 없이 공신이 된 사람을 박은 것이 그것이다.[1]

개혁정치가 허무하게 무너지고

그러나 1519년(중종 14) 11월 기묘사화로 사림파들의 개혁정치는 실패로 끝난다. 다행히 김정은 금산으로 유배된 이후 진도를 거쳐 다시 1520년(중종 15) 8월에 조천포구를 통해 제주목으로 옮겨져 동문 밖 금강사(金剛寺) 옛터에서 1년을 지내게 된다.

제주 섬은 언제나 그늘져 있고
거친 마을엔 온종일 바람만 가득

봄을 알고 꽃은 스스로 피는데
밤이 깊어가자 하늘엔 달만 둥실
천리 밖 이역에서 고향 그리워
왕래 드문 고도에서 남은 목숨 이어가니
하늘은 이미 운수를 정해 놓았을 텐데
막다른 길에서 울어 무엇하리[2]

조천포구와 연북정

제주도에서 쓴 「유회(遺懷)」라는 시에는 그의 불안한 심경이 잘 배어 있다. 특히 "제주섬은 언제나 그늘져 있고, 거친 마을엔 온종일 바람만 가득"이라는 표현은 유배지의 폐쇄적 풍경을 잘 묘사하고 있다.

제주도의 풍토를 기록하니

김정은 우도를 구경하고 「우도가」를 짓는가 하면 이운 목사의 부탁으로 「한라산기우제문」을 짓기도 했다. 또한 적거지 근처에 우물을 파서 위생적인 식수를 얻도록 도움을 주기

충암집 중 제주풍토록 표지

1519년(중종 14)에 일어난 기묘사화로 인하여 제주도로 유배간 저자가 그곳에서 체험한 풍토와 상황을 사실적으로 기록한 글로, 그의 문집인 《충암집》 권4에 수록되어 있다.
출처 : 왕실도서관 장서각 디지털 아카이브

도 했다. 또한 교육활동에도 힘을 써서 김양필(金良弼)과 문세걸(文世傑) 같은 제자들을 배출한다. 그가 가르친 김양필은 제주향교를 다시 고치는 일에 남다른 공헌을 하였다.

김정이 남긴 「제주풍토록(濟州風土錄)」은 제주도 관련 최초의 풍토지이다. 여기에는 제주도의 특수한 기후조건과 가옥구조, 풍속과 습속 특히 뱀신과 무당의 피해, 관원의 횡포, 토지경작의 양상과 동물과 조류, 토산물에 대한 설명 그리고 유배생활에 대한 소감 등 다양한 내용이 실려 있다. 16세기의 제주를 이해하는 귀중한 자료가 되고 있다.

「제주풍토록」에는 김정의 제주유배에 대한 생각이 잘 묘사되어 있다.

> 그러나 남자가 세상에 태어나 큰 바다를 가로지르고, 발로는 이러한 기이한 지역을 밟아보고, 이러한 기이한 풍속을 보았으니, 또한 세상의 기이하고 장한 일이라, 아마도 오고 싶어도 오지 못하고, 그만두려 하여도 그럴 수 없는 것은 또한 아무도 모르는 운명이 미리 정해진 것 같으니, 어떻게 간여할 수 있겠는가?[3]

김정은 절망적인 상황을 스스로 달래면서 제주도를 구경하는 것도 장한 일이라고 생각하고 있다. 이에 대해 김상헌이 "참으로 달관 한 것"[4]이라고 평하였지만 그러나 그렇게 마음

먹듯이 세상 일이 쉬운 게 아니었다. 무엇보다 외로움이 가장 큰 적이었다. 다음과 같은 비장한 고백이 쓸쓸하다.

> 골육이 멀리 떨어져 있고, 친지들은 아득하니, 옛날에 노닐며 어울렸던 사람들도 죽은 이가 많고, 하늘 끝에 외로운 몸으로 얼마나 세상의 일들을 맛봤는가? 보통 때 마음을 먹음에 본디 즐겁게 순리를 따르지 않은 적이 없으나, 문득 생각해보니 또한 슬프게 느껴지지 않은 적이 없구료.[5]

일단 제주도에 대한 김정의 시각은 지극히 부정적이다. 이를테면 제주도의 무당과 중들의 폐단에 대해 지적한 예만을 보더라도 알 수 있다.

> 만약에 고승이 있어서 입을 잘 놀려서 천당과 지옥을 가지고 겁준다면, 도움이 될 것 같은데, 이 고장의 승려들은 모두 아내를 얻어 마을에서 살면서 목석처럼 완고하여, 마치 무당들처럼 사람들을 놀래켜서 떡과 술을 긁어내니 또한 이익에만 귀착될 뿐이다.[6]

김정은 불교가 백성을 교화하는데 어느 정도 효과가 있을 것이라는 기대감을 가지고 있었던 듯하다. 유학자로서는 특이한 일이라 할 수 있다. 그가 쓴 「도근천 수정사의 중수권문(都近川水精寺重修勸文)」에도 불교를 가지고 민심을 순화시킬 수 있을 것이라는 기대감이 나타나 있다. 뿐만 아니라 그는 승려들과도 교류하면서 글을 써주고 시를 주고받았으며 그중에서도 월간(月侃)이라는 승은 제주도까지 찾아와 시를 받기까지 하는 등 상당히 깊은 교류가 있었다.[7] 그러나 이는 불교에 대한 이해가 깊어서라기보다는 유화적 교화를 펼칠 수 없는 현실에서 차선책으로 불교를 얘기했던 것뿐이다.

그가 제주도 현실을 통박한 내용을 볼 때 무엇보다 향약을 통한 풍속 순화가 강조되었음을 알 수 있다. 악습을 타파하고 바른 풍속을 일으켜 온 백성 전체의 학문과 생활을 바르게 함을 목적으로 향약운동을 주도했던 장본인이 김정이었기 때문이다.

다음과 같은 내용을 보면 명확해진다.

날마다 각각 이익을 낚는 것을 일삼아, 작은 이유만 있어도 모두 뇌물이 있어야 하니, 청렴과 의로움이 어떤 것인지를 알지 못하고, 강함으로써 약한 사람을 제어하고 포악으로써 인의로운 사람을 겁박함이 임금에 못지 않다. 이 때문에 관원들은 육한처럼 탐욕스러운데 이상한 일이 아니다. 염치와 의로움이 있는 사람은 어리석은 백성들이 그 은혜를 가슴에 두지만, 이 무리들은 그 어리석음을 비웃는다. 만약 학문으로써 그들의 마음을 열지 않는다면, 영원히 풍속을 바꿀 기약이 없을 것이다. 아마도 그들의 마음에 이익은 아주 밝히면서도 그 밖의 것은 모르니, 염치와 착함을 이야기하는 사람이 있으면, 이익이 되지 않는다고 생각하고 이를 싫어하는 것이리라.[8]

이러한 노력에 풍속이 많이 변화했다고 평가도 하지만 그러나 이러한 태도는 제주도 현실의 삶을 도학의 권위로 압박하려는 지식인의 자만이 엿보이는 것도 사실이다. 신진 사림파들은 연령상으로는 소장층이었으며 정치적으로는 급진적이고도 과격했다. 그들의 과격함은 현실정치를 질식시켰고 끝내 그들은 보복을 받았다. 그들은 너무 급했던 것이다.

외로운 넋이 되고

김정은 왕의 자진 명령을 받고 죽음에 임하면서 절명시를 남긴다.

절지에 와 외로운 넋이 되는도다.
멀리 어머니를 두고 가니 천륜도 어겼나니
이 세상 두고 이 목숨 끊어지나
저 세상에 가서 역대 상감의 문지기가 되리로다.
또한 굴원을 따라 높게 소요하련만

기나긴 어둔 밤 언제나 아침이 되랴
일편단심의 충성 쑥밭에 파묻혔고
당당한 장부의 뜻 중도에 꺾였으니
오호라 천추 만세가 내 슬픔을 알리라[9]

세상을 개혁하고자 했던 한 지식인의 슬픔과 좌절이 짙게
배어 있는 아픈 기록이다. 김정이 6세 되던 해에 부친이 운
을 주며 시를 써보도록 시험하자 즉석에서 시를 지어 보였는
데 그것을 읽은 부친은 "구법이 맑고 또한 슬퍼 아주 잘 지은
작품이나 그 뜻을 행하지 못하고 수명을 누리지 못하는 것이
안타깝지만 나의 문중을 번창하게 하여 이름을 후세에 남길
것이다."라고 하였다는데 아들의 운명에 대한 어떤 비장한
예감이 먹구름처럼 짙게 깔려 있다.

부친의 예감대로 너무 이른 나이지만 비장하게 숨져간 김정

1545년(인종 1)에 억울한 죄명이 특명으로 사면되어 관작이
복구되고 문간(文簡)이란 시호가 내려졌다. 제주에서는 그의
넋을 위로하기 위하여 1578년에 조인후 판관이 가락천 동쪽 적거
지에 묘(廟)를 세웠는데 이것이 귤림서원(橘林書院)으로 발전되
면서 김정은 첫 번째 배향 유현이 된다. 배향이란 학덕이 있
는 사람의 위패를 모시는 행사로서 "서원에 가면 엄연히 그

동문시장에 있는 김정 적거터

굴림서원 옛 터 오현단

귤림서원은 국가에서 인정한 사액 사원이다.

사람을 보는 듯"(入其堂儼然若見其人)하여 뒤의 사람들로 하여금 그들처럼 되도록 감동하여 분발하게 하려는 교육적인 의미가 담겨 있다.

이후 귤림서원에는 김정 외에 김상헌, 정온, 송인수, 송시열이 제주5현으로 배향된다. 제주5현 가운데 김정, 정온, 송시열이 유배인임을 볼 때 유배인의 위상을 실감할 수 있다. 귤림서원은 국가 공인인 사액서원(賜額書院)으로 200여년을 제주도 교육진흥에 기여를 하나 대원군의 서원철폐령으로 문을 닫으면서 지금은 제주시 이도동에 "오현단"이라는 이름으로 그 자취만 남아 있다.

정온생가 / 문화재청

유배길에서 만난 사람들

정 온 鄭蘊_1569~1641

제주유배
1614년(광해군 6)

갑인봉사 때문에

정온의 본관은 초계이며 자는 휘원이고 호는 동계(桐溪)다. 그의 스승으로는 우선 석곡 성팽년을 들 수 있다. 정온은 20세 이전부터 성팽년의 문하에 출입했다는 사실과, 자신의 '오늘'이 있을 수 있었던 것은 그의 가르침 덕분이라고 회고한 바 있다.[10] 이후 정온은 정인홍(鄭仁弘)에게 나아가 사제의 연을 맺고, 동시에 남명 조식(曺植)의 문하에도 입문하게 된다.[11]

정온이 24세이던 1592년 임진왜란이 일어나자 곽재우, 정인홍, 김면을 비롯한 남명 문하의 학인들이 의병을 일으키게 된다. 이때 정온 역시 부친과 함께 의병장 김면(金沔)의 막하에서 활동을 한다. 임진왜란 이후 전쟁 때문에 무너진 강상

질서를 회복하고 사람들에게 의(義)의 중요성을 깨우쳐주려는 노력을 기울이던 차 1608년 2월, 선조가 세상을 떠나고 광해군이 즉위하게 된다. 이로써 정인홍, 이이첨 등은 '죄인'의 처지에서 '공신'으로 복귀하게 되면서 바야흐로 대북파의 시대가 열린다.

정온은 '공신'이자 '대북파의 실세'가 된 스승 정인홍에게 아부하는 자들이 밀려드는 것을 우려하고, 동시에 스승을 통해 붕당의 폐단이 제거되기를 바랐다. 광해군이 즉위하면서 정온 역시 본격적으로 출사하게 되어[12] 1610년(광해군 2) 진사로서 문과에 급제하여 정언 등을 역임하다가 1614년 부사직으로 영창대군의 처형이 부당함을 지적한다. 이 상소로 광해군의 미움을 받은 정온은 제주도에서 10년간 유배생활을 하게 된다.

그 동안 「덕변록(德辨錄)」과 「망북두시(望北斗詩)」, 「망백운가(望白雲歌)」를 지어 애군우국(愛君憂國)의 뜻을 토로하였고, 1623년 인조반정(仁祖反正)으로 석방되어 헌납에 등용된다. 이어 사간과 이조참의, 대사간 그리고 경상도관찰사와 부제학 등을 역임하고, 1636년(인조 14) 병자호란 때 김상헌과 함께 척화를 주장하다가 화의가 이루어지자 사직하고 경남 거창으로 낙향하여 은거하다가 5년 만에 죽는다. 후에 영의정에 추증되었고, 광주의 현절사, 제주도의 귤림서원과 함양의 남계서원에 배향된다. 문집에 『동계문집(桐溪文集)』이 있다.

정온이 제주도에 유배를 오게 된 결정적인 계기는 영창대군

문제였다. 그는 영창대군이 살해되는 것을 막으려고 노력했지만 결국 실패하자 광해군 6년(1614) 2월, 이 사태를 통렬히 비판하고, 가해자인 전 강화부사 정항의 목을 베라고 촉구한다. 이 상소에서 정온은 광해군의 과오를 지적하고 그에게 직격탄을 날리면서 인목대비에게 효도를 다하여 지난날의 과오를 만회하고, 간사한 자들을 물리치라고 촉구했다.[13]

보통 갑인봉사(甲寅封事)라고 불리는 정온의 상소는 조정 내외에 엄청난 파장을 몰고 온다. 광해군은 말할 것도 없고, 대북파들은 정온의 상소에 대해 격렬하게 반발한다. 그들은 '영창대군은 난신적자(亂臣賊子)이므로 누구나 죽일 수 있다. 정온은 정인홍에게 배웠지만 정인홍의 도의는 배우지 못했다'고 반박했다. 그러면서 정온을 유배시키라고 촉구한다.

전반적인 조정의 분위기가 정온을 극형으로 처벌해야 한다고 돌아가는 것이다. 그런데 이때 영의정 이원익 등의 비호 덕분에 겨우 목숨을 부지하게 되어 1614년 8월 제주도 대정현에 유배되었고[14] 인조반정까지 10여 년간을 지낸다.

정온은 1614년 유배형에 처해진 이후 1623년 인조반정 직후 풀려날 때까지 제주도 대정현 동문 안에 위리안치 생활을 한다. 정온의 유배생활에 대해서는 「대정현 동문 안에 위리된 내력을 적은 기문(大靜縣東門內圍籬記)」에 소상히 기록되어 있다.

우선 정온은 자신의 유배지 제주도 대정현에 대해 다음과 같이 얘기하고 있다.

한라산 한 줄기가 남쪽으로 1백여 리를 뻗어가서 둘로 나뉘어 동서의 양 산록이 되었는데, 동쪽에는 산방악과 파고미악이 있고, 서쪽에는 가시악과 모슬포악이 있다. 곧장 남쪽으로 가서 바다에 이르면 송악산, 가파도, 마라도가 늘어서 있는데 모두 우뚝 솟아 매우 기이한 형상을 하고 있다. 파고가 용의 형상이라면 가시는 호랑이 형상이다. 황모가 들에 가득하고 바다에서 10리쯤 떨어진 거리에 외딴 성으로 둘러싸인 곳이 있는데 이곳이 바로 대정현이다.[15]

정온이 유배되었던 제주도 대정현은 조선왕조가 절도유배지로 지정한 6개 지역 가운데 가장 대표적인 곳이었다. 1612년(광해군 4)의 기사를 보면 제주, 정의, 대정, 진도, 거제, 남해가 절도유배지로 이용되고 있음을 밝히고 이외에는 절도유배지가 없다고 말하고 있다.[16] 그런가하면 1787년(정조 11)『전률통보』에서는 절도유배지 대상지로 광해군조의 기사에서 밝히고 있는 것보다 훨씬 많은 섬들이 등장하고 있는데 제주도의 경우는 대정현만 꼽고[17]있을 만큼 대정현이야말로 절도유배의 대표지역이었다.

정온은 제주도 대정현의 위리안치 상황을 다음과 같이 묘사하고 있다.

북쪽, 동쪽, 남쪽 3면은 모두 처마에 닿아서 하늘을 전혀 볼 수가 없고 서쪽에서만 볼 수 있으니, 마치 우물 속에 앉아 있는 것과 같다. 울타리 안에 동쪽과 서쪽은 항상 한 자 남짓 여유가 있고 남쪽과 북쪽은 3분의 2가 되는데 남쪽을 향해 판자문을 만들어 놓았다. 서쪽 옆에는 작은 구멍을 만들어 두었는데 음식을 넣어 주기 위한 것이다. 둘러쳐 놓은 울타리 안으로 들어 올 때에 금오랑이 관대를 갖추고 교상에 기대어 문밖에 앉아서 나장으로 하여금 나를 잡아서 안으로 들여 넣게 하고 그 문을 닫아 봉함하였다. 울타리 서쪽에 작은 사립문을 만들었는데, 대개 그 전례가 그러하다.[18]

위리안치(圍籬安置)는 가극안치라고 하며 중죄인에게 내려졌다. 집 주위에 울타리를 치거나(圍籬), 가시덤불을 쌓고(加棘) 그 안에 유배인을 유폐시킴으로써 중연금 상태를 내외에 상징하는 조치였다. 이는 가시울타리로 쓰였던 탱자나무의 서식지가 전라도 연안과 제주도였기 때문에 이 지역에서 주로 취해졌던 형벌이다.

가시울타리 제작용으로는 탱자나무, 실거리나무, 찔레넝쿨 외에도 개탕쉬나무 등이 사용되었는데 위리안치라고는 하지만 대개는 도망갈 가능성이 없었기 때문에 유배인의 행동범위를 실제 울타리 안으로 제한한 것은 아니었다. 유배인의 감시 책임은 수령에게 있었던 까닭에 수령의 성격이나 재량에 따라 유배형은 대개 형식에 그치는 수가 많았다. 추사의 경우도 위리안치였지만 실제로 제주목은 물론 한라산까지도 기행을 하였다. 그러나 비록 형식적이었다고 해도 위리형은 그 상징성이 무섭다.

독서 및 서실활동

행동범위가 실제 울타리 안으로 제한된 것은 아니었기 때문에 많은 제주도 유배인들은 현지 주민들과 어울릴 수 있었고 특히 그들을 대상으로 교학활동을 할 수 있었다. 정온 역시 예외는 아니었으나 그럼에도 불구하고 제주도 유배생활을 하는 동안에 이루어졌던 교학활동에 대한 구체적인 사례들은 찾기가 힘든 것이 사실이다.

다만 정온이 유배생활을 하는 동안 독서에 주력했다는 사실만은 분명하다. 조선중기 학자로 기호 남인의 선구이며 남인 실학파의 기반이 되었던 허목(許穆)이 쓴 정온의 행장에는 "항상 글을 읽었다(常讀書)"고 언급하고 있다.

> 당시 송상인, 이익도 모두 죄를 얻어 이곳으로 귀양 오게 되었다. 송상인은 바둑을 두고 이익은 거문고를 배우며 답답한 마음을 달랬으나 공은 항상 글을 읽었다.[19]

정온은 제주도에 유배가 되자 작심을 하였는지 많은 서적을 가지고 왔고 이를 벗 삼아 학문 연찬과 독서로 일과를 삼을 수 있었다. 마침 대정현감 김정원이 적소 경내에 서재용으로 두 칸의 집을 지어 주었으므로 스스로 고고자(鼓鼓子)라 칭하고 그 곳에서 지방유생들을 교학하였다. 시기에 먼저 유배와 있던 송상인(宋象仁), 이익(李瀷) 등과도 시문 교류를 하였을 뿐 아니라 지방 사람들에게 예를 가르치고 애로를 해결해 주기도 했다.

또한 그는 중국 은대로부터 남송시대에 이르기까지 어떠한 곤란과 우환을 당하여도 정도를 잃지 않았던 59명의 행적을 모아 만든 『덕변록』을 가까이 두고 자성서(自省書)로 삼았고, 매년 정월 초하루 새벽에는 「자경잠(自警箴)」을 지어 연중 자경서로 하였는데 자성과 자경이란 곧 학문과 인간자아의 주체를 지키는 자세이자 그 기반으로 곧 자율학습의 시작이었다.

> 이에 위로는 은나라 말기부터 아래로는 남송까지 경사에서 뽑고 전언에서 채록하여 그 기간의 성현 중에서 곤액과 우환 속에서도 마음이 바르고 생각이 깊어 정도를 잃지 않았던 59인으로 『덕변록』을 편집하여 자신을 반성하였고, 또 원조자경잠(元朝自警箴)을 지었다.[20]

요컨대 그는 고단하고 우울한 유배 생활 가운데서도 자신을 지키기 위해 분투했던 것이다. 10년이라는 긴 유배 시간 동안을 올곧게 견딘다는 건 결코 쉬운 일이 아니다. 그러나 어떤 상황에서도 쉽게 흔들리지 않는 마음 속의 근력과 기개를 유지한 이들이 있다. 바로 정온이 그랬다. 정온은 서재생활을 통한 자기완성자의 길을 택하여 살아갈 힘을 더욱 단단히 다지게 된다.

桐溪鄭先生遺墟碑

보성초등학교 교문 옆에 있는 동계정온유허비

정온이 제주도에서 쓴 「우연히 읊다(偶吟)」라는 한시에도 그의 독서활동에 대한 정황이 비교적 잘 그려져 있다.

늘그막에 기나긴 행역으로
기구하게 남북으로 떠도는 사람 되었네
벼슬을 구하는 것은 곧은 성품을 해치고
우려는 천성을 상하느니
농한기 삼동 공부를 못하여
끝내 진퇴의 구분에 어두웠네
위리 속에는 다른 일이 없으니
수시로 옛 책이나 보노라[21]

이렇게 정온이 "수시로 옛 책을 보면서(時覼古編陳)" 독서에 주력할 수 있었던 것은 당대 제주도 태수의 배려 때문이었다. 태수는 정온을 위하여 서실을 지어 주었던 것이다.

태수가 나를 위하여 서실을 두 칸 만들어 주었는데, 동쪽을 등지고 서쪽을 향하고 있다. 동쪽에서 성첩까지의 거리는 겨우 4, 5척이며, 서쪽에는 귤림이 있는데 울타리가 높아서 겨우 나무 끝만 보인다.[22]

후일 정온이 제주도를 떠난 뒤에는 그 서실 자리에 제주도 선비들이 송죽사(松竹祠)를 세워 장수(藏修)하는 곳으로 삼았고 또한 헌종7년(1841) 목사로 제수되었던 이원조는 그 자리에 동계 정온의 사당을 세워 그 곁에 송죽서당을 세우고 청년 들에게 글공부도 시켰다. 그런데 그 명칭을 송죽이라 한 것 은 정온이 대정에 유배되면서부터 손수 소나무와 대나무를 심어 키웠고 유배가 풀려 중앙으로 돌아간 뒤에는 이를 시로 읊어 남겼는데 이렇듯 송죽에 심취했던 정온의 취미를 기리 고 그의 절개에 비유하여 붙여진 것이다. 이러한 것들이 모 두 정온의 제주교학활동의 결과라고 볼 수 있다.

유배 이후

10년간의 제주도 유배생활 이후 정온의 학문적 경향은 중요 한 의미를 갖게 된다. 정온은 분명히 1636년(인조 14) 병자호란 때 김상헌과 함께 척화를 주장하다가 화의가 단행되자 이에 분개하여 할복을 결행하는 등 그가 보여준 애군우국의 충정 때문에 김상헌과 함께 현종 10년(1669)에 제주도 귤림서원에 배 향된다. 특히 정온의 서원 배향은 단순한 배향 유현이라는 상 징적인 것만이 아니라 배향을 통해 남명학파의 유서(遺緖)를 제 주도에 남길 수 있었던 교육사상사적인 중요한 의미를 지니고 있다.

인조반정의 성공을 계기로 광해군 때 정치판을 주도했던 대 북파를 비롯한 북인들은 대부분 몰락한다. 특히 대북파 가운데서도 정온의 스승, 정인홍이 처형되었던 것은 인조반정 이후 남명학파의 위상이 저하되는데 결정적인 계기가 되었다.

1623년(인조 1) 인조반정 이후 정온은 다시 등용된다. 그는 서인이 주도하는 인조대 조정에서 '정인홍의 직계 제자'이자 '북인 출신'으로서는 거의 유일하게 대사간, 이조참판 등의 고위 관직에 제수되었다.[23] 그리고 이후 병자호란이 끝난 뒤 은퇴할 때까지 강직한 언관으로서, 후금과의 화의에 반대했던 강렬한 척화파로서의 삶을 살았다. 이로써 정온은 인조반정으로 무너졌던 북인 정파, 나아가 남명학파의 유서를 후대에 계승시키는 결정적인 역할을 하게 된다.[24]

한편, 인조반정이 일어난 후 역시 1618년 10월부터 제주도에 유배를 와 5년 만에 풀려 돌아가게 되었던 인목대비의 어머니 노씨부인을 모셔오기 위해 승지 정립이 정온을 찾아왔다. 그는 그간의 고난을 위로하며 함께 출륙하자고 권했다. 그러나 정온은 아직 왕명을 받지 못했다고 거절했다. 왕명 없이 동행했다가 후에 또 다른 빌미를 주는 것이 두려워 정식으로 해배 명을 받고 가겠다고 한 것이다. 그 후 그는 해배 명을 내리는 전지를 받고 제주도에 유배되었던 이익, 송상인, 신희업 등과 함께 제주를 떠났다. 그는 섬에서 맞아들인 소실을 데리고 바다를 건넜다. 육지에 도착하자마자 그는 노모를 찾아갔는데 이때 노모의 나이는 여든을 넘어 있었다. 그는 소실을 여염집에 감추어 두고 부인에게는 매번 친구를 만나러 간다는 핑계를 대고 몰래 만났다고 한다.[25]

이 익 李翼_1579~1624

제주유배
1618년(광해군 10)

끝내 주장을 굽히지 않고

이익의 자는 형여(洞如)이고 호는 간옹(艮翁)으로 본관은 경주다. 1612년(광해군 4)에 사마시에 합격하고, 그 해에 식년문과에 급제하였다.

1608년 광해군이 즉위하면서 영창대군을 왕으로 추대하려던 소북파는 급거 몰락하고 대북파의 정인홍, 이이첨 등이 득세를 한다. 급기야 대북파들의 음모에 의해 1613년(광해군 5) 어린 영창대군은 강화도로 유배되고, 인목대비의 친정아버지 김제남은 사사되었으며 친정어머니 노씨 부인은 제주도로 유배된다. 인목대비 본인은 1618년 폐비되고 서궁에 유폐된다. 이것이 흔히 말하는 대북파의 '폐모사건'인 것이다.

이 사건이 일어나자 이익은 대북파의 음모를 통렬히 비

판하면서 관직을 포기하고 고향으로 떠나버린다. 이에 화가 난 광해군은 뒤를 캐보려 하지만 이익은 자신의 행동이 애군애국의 충정에서 비롯된 것이지 남의 말을 들은 것이 아니며 조금도 의혹을 살 만한 일이 없다고 일체의 관련성을 부정한다.

오히려 그는 왕이 경연(經筵)을 열어 정치를 논한 바도 없고, 늘 궁녀와 환관만을 접촉하니 자신들과는 아주 멀어졌다고 지적하였다. 궁궐을 엄하게 단속하지 않으니, 안과 밖이 서로 결탁하여 권력의 칼자루가 이미 다른 사람에게 잡혀져 있고, 사사로운 뇌물이 끊이지 않으니 백성들이 곤궁은 이미 극에 달하였다고 광해군의 전횡을 날카롭게 비난했다.

광해군은 노발대발하여 그에 대한 고문을 명했지만 홍문관에서는 오히려 그의 충정을 비호하였다. 어떻든 이 사건으로 이익은 1618년(광해군 10) 제주도로 유배된다.

1623년(인조 1) 인조반정이 일어난 후 사면되어 다시 관직에 임용되나 그 세계에는 자기가 설 곳이 없다고 생각해서인지 달포 남짓 만에 물러난다. 당쟁과 제주유배생활로 몸도 마음이 피로해졌기 때문일 것이다. 그는 퇴계 이황의 수제자인 정구(鄭逑)와 절친했던 사이로 영남학파의 전통을 계승하는 지식인이었다. 죽은 다음 홍문관의 종삼품 관직에 추증되었다.

제주입도조가 되어

그는 유배생활을 하는 동안 헌마공신 김만일(金萬鎰)의 딸을 소실로 맞아들여 8년 정도 살다가 떠난다. 이로써 그는 경주이씨 국당공파(慶州李氏 菊堂公派) 제주입도조가 된다.

김만일은 돈 버는 일과 마축 개량번식에 남다른 기술이 있었던 제주사람이다. 임진왜란 여파로 마필이 절대적으로 고갈되었던 조정에 양마 500필을 헌상함으로써 일약 상신 계열의 종1품에 해당하는 벼슬을 제수 받는다.

인조 때 유배를 왔던 이건은 「제주풍토기」에서 "김만일의 말은 많아서 수천필에 이르러 불가기수다. 신관이 입거할 때마다 체임 진상마를 만일로부터 징하여 3년간 소중이 사양하고, 습재하였다가 체귀시에 임하여 진헌한다."[26]고 했다. 김만일의 뛰어난 마축개량번식 기술에 대해 이건은 "만일은 절종을 걱정하여 준마로 취해 감직할 것을 택하여 일부러 그 눈에 상처를 내어 봉사가 되게 하거나 혹은 가죽과 귀를 째어서 병신마를 만들어 이것을 잘 보존하여 종마로 취급하였다."[27]고 했다.

김만일과 같은 제주도 토착세력들은 고위정객 출신 유배인들과 집안을 이루는 문제에 대해서 적극적이었다. 김만일처럼 상신계열의 종1품에 해당하는 벼슬을 가진 집안 입장에서 양가(良家)의 전통과 위세를 구축하기 위한 방법으로 거물정객과 관계를 맺고자 하는 것은 당연한 바람이었다. 그러나

문연서터

제주도에서는 정상적인 방법으로 그것을 해결하기란 어려운 일이며 결국 고위정객의 유배는 이를 용이하게 해 줄 수 있는 장치였다.

유배인 입장에서는 제주도 토착세력과 집안을 이루어 어려운 유배생활을 견뎌낼 수 있는 이점이 있었다. 결국 양자의 이해가 맞아서 가능한 조치였다. 그러나 유배가 풀려 조정으로 복귀할 때는 그들 대부분 제주여인과 슬하의 자식들은 두고 감으로써 결과적으로 제주도의 문벌 형성을 가능하게 했다.

제주도에 형성된 이익의 가계는 지금의 제주시 오라동을 중심으로 제주도 문교발전에 남다른 공헌을 한다. 증손인 이중발과 고손인 이수근은 정시에 급제하는가 하면 이기온과 그의 아들 이응호는 당대 제주유림을 대표하는 인물들이었다. 특히 이중발과 이중성 형제는 제주성안에서 공부했다. 그들의 스승은 제주도에 유배 중이던 김진구(金鎭龜)였고 김진구의 아들인 김춘택(金春澤)이 제주도에 유배왔을 때도 깊은 교류를 하였다. 구한말 한학자 이기온은 면암 최익현이 제주도에 유배를 오자 그와 사제의 인연을 맺으며 한라산을 함께 오르기도 했다.

이기온은 후학 양성에 힘썼는데 현재 제주도청 인근에 칠봉서당을 창설해 후학을 양성했다. 그러나 화재로 소실되자 아들 이응호가 문연서당을 세워 제자를 배출하기도 했다. 문연서당은 해송 고목과 팽나무와 함께 제주도청과 제주도교육청 인근에 터가 남아 있다. 이곳은 원래 이기온에게 교육을 받아 은혜를 입은 광산 김씨와 제주 고씨의 문중에서 그의 유덕을 기리기 위해 제사를 지내던 곳이다. 이응호는 또 다른 척사위정의 거물 기정진과 인연을 맺고 집의계(集義契)를 결성하는 등 가계로부터 계승된 지식인의 비판주의적 태도를 보여준다.

걸출한 제자들을 배출하니

이익은 제주도 유배생활을 하는 동안 김진용(金晉鎔)과 고홍진(高弘進), 문영준(文榮俊)과 같은 훌륭한 제자들을 배출한다. 이들 제자 가운데 김진용은 처가가 있는 제주읍 봉개리로 옮겨 살면서 이익에게 수학을 하였다.

김진용은 1634년(인조 12) 사마시에 합격하고 1643년 숙녕전참봉에 제수되었으나 이후 다른 벼슬을 하지 않고 제주도로 돌아와서 후진들의 교학에 힘써 유학발달에 기여하였다. 명도암(明道庵)에서 수학하였기에 명도암 선생이라 불리어졌고 향현사에 위패가 모셔졌다. 1658년(효종 9)에 이회가 목사로 부임하여 제주도의 교육과 학문에 관련된 것은 오직 그에게만 물어보았다고 한다. 김진용은 제주의 인재들을 키우기 위하여 학교를 창건하도록 건의하여 장수당(藏修堂)을 건립한다. 장수당은 1871년(고종 8) 서원철폐령으로 폐지될 때까지 200여 년 간 제주의 대표적인 교육기관으로 이름을 날렸다.

또 한명의 제자 고홍진은 제주에 전해오는 고전적(高典籍)

본풀이와 고전적 설화의 장본인이기도 하다. 고홍진은 일명 고봉래, 후에 사람들은 가물개 고선생이라고도 불렀다. 그는 제주목사 이원진의 소개로 서울에 가서 실학자 반계 유형원의 문하생으로 들어갔다.

그는 이익과 유형원에게 정주학, 사서를 배웠고, 지리에도 밝아 풍수지리로 이름을 날렸는데, 제주목사 소두산은 그와 산천에서 노닐면서 "고홍진은 풍수의 도안(道眼)"이라고 칭송하였다. 제주 사람들은 고홍진을 탐라삼절의 한 분으로 여겼

장수당

다. 제주목사 이원진과 함께 『탐라지』, 『고려사탐라사기』 등을 편찬하였다.

거문고도 연주하고

이익은 제주도 유배생활을 하는 동안 거문고를 연주하고 한라산도 올라가는 등 비교적 여유 있는 유배생활을 하였다. 그는 적소에서 성리학을 연구하고 밤새도록 꿇어앉아서 독서에 열중하였으며 취미로 거문고를 배웠다. 그러면서도 지방 유생들을 훈학하였는데 동계 정온에 대해 허목이 남긴 글에 이익이 언급되어 있다.

> 당시 송상인, 이익도 모두 죄를 얻어 이곳으로 귀양 오게 되었다. 송상인은 바둑을 두고 이익은 거문고를 배우며 답답한 마음을 달랬으나 공(정온)은 항상 글을 읽었다.[28]

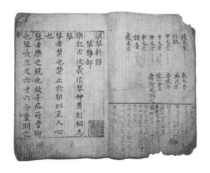

양금신보 / 거문고 악보 / 문화재청

김홍도 그림 '후원유연' / 국립중앙박물관

이익이 배웠던 악기는 금(琴)을 거문고라 번역은 했지만 원래 금이라는 용어는 국악에 쓰이는 현악기를 총칭하는 것이기 때문에 실제 거문고인지 가야금인지 아니면 금이라는 독자적인 악기인지는 분명치 않다. 그러나 조선조에 거문고가 학문과 덕을 쌓은 선비들 사이에서 숭상되었기 때문에 거문고일 가능성이 가장 크다. 거문고는 현금(玄琴)이라고도 하며 오동나무와 밤나무를 붙여서 만든 울림통 위에 명주실을 꼬아서 만든 6줄을 매고 술대로 쳐서 소리를 낸다. 소리가 깊고 장중하여 예로부터 백악지장(百樂之丈)이라 일컬어졌다.

이익은 학문도 큰데다 시도 잘 썼고 거문고도 연주할 줄 아는 멋스런 선비였다. 그래서 한라산에 올라가 호방한 시를 남겼던 것으로 보인다.

영주산 제일봉에 홀로 서 있으니
하늘을 보고 바다를 바라보니 아득하여 형용키 어렵네
성역에서 황홀히 놀다 앞뒤를 바라보니
동산에 올라보고 노나라가 작다는 것을 이제 믿겠네[29]

이익이 한라산에 올라서 남긴 시 가운데 한 편이다. 대개의 유배인들이 처연함을 토로하는 시를 남겼는데 이익의 경우는 오히려 호연지기(浩然之氣)의 기상이 엿보인다. 아마도 한라산이 그동안 잠들었던 이익의 기상을 일깨워주었으리라.

이 건 李健_1614 ~ 1662

제주유배
1628년(인조 6)

아버지의 유배

이건은 선조의 일곱 번째 아들이자 인조의 숙부였던 인성 군 공(珙)의 셋째 아들이다. 인성군은 인목대비 폐위를 적극 지지하여 광해군을 옹호한 것 때문에 인조반정 후 반정세력 들은 그의 도덕성을 문제 삼아 공격했다. 그러나 영창대군의 죽임과 같은 패륜 행위는 다시 있어서 안 된다는 여론에 힘 입어 다행히 제주도 정의현에 유배된다.

인조의 배려로 다시 진도로 옮겨진 인성군은 가족들과 동 거가 허락되었지만 1628년(인조 6) 3월 유효립이 대북파의 잔 당들과 모반을 꾀한 것이 발각되어 왕으로 추대된 것이 드러 나면서 41세의 나이로 사사된다. 이 일로 말미암아 이건(李健) 은 가족들과 함께 1628년(인조 6) 6월 진도에서 다시 제주도로 옮겨져 10년 가까이 머물게 된다. 이건은 당시 15세였다.

이건의 제주도 유배생활이 비교적 여유로웠던 것은 가족들과 함께 했기 때문이었다. 유배생활 동안 목사나 현령들도 찾아보고 함부로 대하지 않았으며 일가친척들의 보살핌도 있었다. 1635년(인조 13) 무고가 밝혀지고 이건과 가족들은 1635년 제주도에서 양양으로 이배되었다가 2년 뒤인 1637년 유배가 풀려 한양으로 돌아간다.

역모를 꾀했다는 죄로 아버지 인성군은 죽고 아들은 최악의 유배지, 제주도에서 10년 가까이 살다가 다시 돌아갈 수 있었던 것이다. 돌아간 후 제주도 생활을 회상하면서 쓴 것이 「제주풍토기(濟州風土記)」이다.

이건은 이 글에서 살아서 돌아가는 현실이 기적처럼 느껴졌는지 "모든 나의 자손은 체념하여 세세대대로 충효와 절의를 힘써야 한다. 이것이 나의 소망이다"라며 조상과 임금의 은혜에 감사하며 자손들에게 대대손손 충효에 힘쓰라고 당부하고 있다.

이건의 「제주풍토기」는 김정의 「제주풍토록」과 함께 당대의 제주도를 이해할 수 있는 중요한 기록이다. 그 내용으로는 제주도의 풍속, 목축상황과 목자의 고통, 농사의 경작상황, 귤 종류에 대한 설명, 잠녀의 풍속과 관원들의 횡포, 신당의 모습, 제주도의 동물, 삼성혈의 신화, 김만일의 둔마 및 자기의 소감을 기록하고 있다.

이건의 제주도 유배생활은 비교적 자유로웠다. 그는 한라

天意乃回至寃始雪此實　聖明生成之　恩
祖先餘慶之致也

濟州風土記

耽羅一島正在湖南之東嶺南之南隔海數千
里南與日本琉球同其海其入也必以西北風
其出也必以東南風者得順風一片孤帆朝發
夕渡不得順風雖有鷹鸇之翼星霜之變無以
可渡而海波東南低西北高入去時則勢若順
流而下舟行頗易出來時則勢若遡流而上舟
行甚難故出來之艱有倍於入去時云

이건의 「제주풍토기」

이건의 묘

산에도 올라가고 멀리 대정까지 가서 산방굴사를 구경하는 등 꽤 자유스럽게 지냈다. 그러면서 목격하게 된 것 가운데 하나가 관원들의 횡포다. 특히 제주해녀들에 대한 관원들의 횡포를 눈물겹게 기록하고 있다.

그들은 생복을 잡아다가 관가 소징의 역에 응하고 그 나머지를 팔아서 의식을 하고 있다. 그러므로 그 생활의 간고함

은 이루 말할 수 없으며 더구나 불렴의 관이 있어 탐오지심
이 생기면 명목을 교묘히 만들어 징색하기를 수없이 하므
로 1년간의 소업으로서도 그 역에 응하기가 부족하다. 하물
며 관문에 수납의 고통과 이서의 무간의 폐가 끝이 없으니
또 무엇으로서 의식의 자를 바라리오. 이런 까닭에 탐관이
나 만나면 잠녀들은 거지가 되어 얻어먹으려 돌아다닌다고
한다.[30]

「제주풍토기」에는 제주도에 대한 사실의 기록만이 아니라
유배자로서 심정에 맺히는 그림자들의 어두운 윤곽들이 생
생하게 그려지고 있다.

제주해녀 / 해녀박물관

가장 괴로운 것은 조밥이요, 가장 두려운 것은 사갈이요, 가장 슬픈 것은 파도소리이다. 더구나 서울의 소식과 고향의 소식에 있어서는 이를 몽혼에나 부치는 외에 들을 길이 없다. 질병이 있을 때는 단지 스스로 손을 매어 죽기를 기다릴 뿐이요, 침약으로 치료할 방도는 없다. 이곳은 실로 통국의 죄지로서 사람이 견딜 수 없는 곳이다. 그러므로 국가가 죄 있는 사람을 이 땅에 추방하는 것은 깊이 적의함을 얻은 것이라 하겠다.[31]

'가장 슬픈 것은 파도소리이다.'라는 구절이 가슴을 저리게 한다. 섬이라는 밀폐된 공간 속에 갇혀 있는 유배인의 막막한 심경이 의미심장하게 다가온다. 왕족으로 곱게 살다가 하루아침에 죄인의 몸이 되어 여름이면 방안까지 뱀이 들어오는 곳에서 조밥을 먹어야 하며 더욱이 병이 들면 꼼짝없이 죽음을 기다려야 하는 처지가 되었으니 그 고통은 참기 어려웠을 것이 분명하다.

그의 호는 규창(葵窓)이다. 제주에 유배 온 지 10년 만인 1637년 해배되었고 1657년(효종 8) 해원군의 군호를 받았다. 성품이 건실하고 사치와 재물을 좋아하지 않으며, 조그만 서실을 마련하여 경적에 침잠하면서 시를 짓고 글씨와 그림에 힘쓰니, 사람들이 삼절(三節)이라 칭하였다. 그는 시문집 『규창집(葵窓集)』을 남겼는데 5권 3책으로 되어 있다. 1712년(숙종 38) 아들 조(洮)가 편집, 간행하였고, 1729년(영조 5) 숙종이 친히 쓴 율시 1수와 권말에 김유경의 발문을 덧붙여서 중간하였다.

제주의 말

光海君日記卷第一

宣祖大王四十一年 大明萬曆三十六年

上在貞陵洞行宮○以金大來

翰黃敬中奇恊為校理成時憲

曰李挺元等皆以鬼蜮妖邪之

閣陰憯之說以試含沙射影之

광해군 光海君_ 1575~1641

제주유배
1637년(인조 15년)

아, 광해군

광해군.

그의 이름은 이혼(李琿)이며 선조의 둘째 아들로 어머니는
공빈김씨이다. 선조를 이은 조선조 15대 임금으로 1623년 인
조반정으로 폐위된다. 그는 처음에 강화도에 유배되어 몇 차
례 옮겨 다니면서 떠돌다가 1637년(인조 15) 제주도에 이배되
었고 4년 4개월만인 1641년(인조 19) 7월 1일에 67세의 나이로
병사한다. 통틀어 19년의 유배생활로 지치기도 했지만 광해
군은 제주도에서 비교적 처연한 자세로 자신의 삶을 이어간
다. 그가 제주도에서 쓴 시를 보면 그 처연함이 곳곳에 가득
하다.

바람 불어 빗발 날릴 제 성 앞을 지나니

장독 기운 백 척 누각에 자욱하게 이는구나

찬해의 성난 파도 저녁에 들이치고

푸른 산의 슬픈 빛은 가을 기운 띠고 있네

가고픈 마음에 봄 풀을 실컷 보았고

나그네 꿈은 제주에서 자주 깨었네

서울의 친지는 생사 소식조차 끊어지고

안개 낀 강 위의 외로운 배에 누웠네.[32]

〈제주적중(濟州謫中)〉

이런 정도의 시를 쓸 줄 안다면 분명 안목이 있는 임금이었을 것이다.

왕위에 올랐지만

사실 광해군은 세자 책봉 문제로 임해군과 갈등을 빚었으나 1592년 임진왜란이 발생하였을 때 국난에 대비한다는 명분으로 피난지인 평양에서 세자에 책봉된다. 선조와 함께 의주로 피난을 가다가 영변에서 갈라져 선조는 의주로 향하고 광해군은 조정의 책임을 나누는 분조(分朝)의 책임자로 평안도 지역으로 출발하였다.

선조에게는 임진왜란 직전까지 적자가 없어서, 당시로써

광해군묘 / 문화재청

　는 후궁 소생을 세자로 책봉해야만 하였다. 이 과정에서 임
진왜란 발발 몇 해 전 정철 등이 세자 책봉에 대한 논의인 건
저의(健儲議)를 제기, 정치적 파란이 있기도 하였다. 세자 책봉
이 이루어지지 않은 상태에서 임진왜란을 맞이하게 된 조선
은 다급했다. 결국 선조는 서둘러 광해군을 세자로 책봉하고
그에게 분조의 책임을 맡겼다. 이에 광해군은 전쟁 기간 중
평안도나 강원도 등을 돌며 민심을 수습하는 것은 물론이고
경상도나 전라도 등지로 내려가 군량을 모으고 군기를 조달
하는 등 상당한 공로를 세웠다.
　그의 분조활동은 임진왜란을 극복하는 큰 역할을 하였다.
서울을 수복한 후 무군사(撫軍司)의 업무를 담당하여 수도 방위에도 힘을 기울였다. 전쟁이 끝난 후 선조가 영창대군을 세자로 책봉하고자 하였으나 뜻을 이루지 못하고 죽자 분조 활동으로 많은 공을 세운 광해군이 대북파의 지지를 받아 1608년 왕위에 올랐다.

그는 임진왜란으로 파탄지경에 이른 국가재정을 회복하고 대동법을 실시하여 민생을 구제하는가 하면 1611년 양전(量田)을 실시하였다. 또한 폐허가 된 한성부의 질서를 회복하였으며 궁궐 조성공사에 힘을 다하여 창덕궁을 중건하고 경덕궁, 인경궁을 준공하는 등 많은 업적을 세우기도 하였다.

이때 만주에서는 여진족이 신흥국가로 성장하여 후금을 건국하고 조선에 압력을 행사하고 있었다. 광해군은 이에 대비하여 성지와 병기를 수리하고 군사를 양성하는 등 국경방비에 힘썼다. 명나라와 후금 사이에 전쟁이 발생하여 명에서 원군요청이 있자 강홍립에게 1만의 병사를 주어 파견함과 동시에 의도적으로 후금에 투항하게 하여 명과 후금사이에서 능란한 중립외교 솜씨를 보였다. 일본과는 기유약조를 체결하여 임진왜란 이후 중단되었던 외교를 재개하고, 오윤겸을 일본에 파견하여 포로로 끌려갔던 조선인을 귀환하게 하였다.

그러나 이이첨, 정인홍 등의 대북파는 광해군을 임금으로 받들어 모시며 전횡을 일삼았다. 임금이 임금 같지 않고 신하는 신하 같지 않았으며, 따라서 나라는 나라꼴이 아니었다. 신하들이 임금에게 말을 올릴 수 있는 길은 막혔으며 직언하는 자는 재판 절차도 없이 제거되고 뇌물정치는 공공연히 판을 치게 됐다. 매관매직이 성행하고 지방관과 무관직은 돈만 있으면 누구라도 할 수 있는 세상이었다.

계축화옥(1613년) 이후 매관매직이 또한 성행했는데 그것도 금품의 많고 적음에 따라 관직의 차등이 정해졌다. 지방장관인 방백과 같은 것은 값이 1,000여량, 군수, 수사는 300량, 급제는 30량, 진사는 20량 정도로, 이것이 당시 관직매매시장의 공정가격으로 되어 있었다.

제주도 이배

이 때문에 결국 광해군은 인조반정으로 폐위되고 몇 차례 이배 후 1637년 결국 제주도로 오게 된다.

광해군의 유배는 전직 임금의 신분이었기 때문에 제주도에 큰 영향을 줄 수밖에 없었다. 제주도 사람들 입장에서는 왕족의 예절과 생활양식을 광해군의 유배를 계기로 목격하게 됨은 물론 다른 한편으로 조정의 고관들이 왕래하면서 직접 제주도의 사정을 엿보고 실정을 조정에 반영시킬 수 있는 기회도 마련되었다.

광해군이 위리안치 되었던 곳은 서성 안과 남성 안 등 두 가지 설이 전해지고 있다. 적소는 1653년(효종 4) 하멜 일행이 표착했을 때 그들이 수용되었던 곳으로 알려져 있다. 1638년 (효종 16) 6월 심연 목사가 부임할 때 인조는 광해군에게 의복을 보내도록 명하였고 1640년 9월에 부임한 이시방 목사도 광해군을 특별히 잘 모시었다.

광해군은 제주로 이배된 후 1641년(인조 19) 7월 1일 병사를 하자 이시방 목사는 조정의 처분을 기다려 시체를 운구하려면 천리 길을 왕복하는 사이에 형색이 변하기 때문에 예를 올릴 수밖에 없다고 판단하여 친히 염습하였다. 지금도 제주도에서는 음력 7월 1일이면 왕의 죽음을 슬퍼하며 비가 내린다는 속설이 전해지고 있다.

광해군이 죽자 인조는 7일간의 소찬으로 조의를 표하고 예조참의를 보내어 초상 치르는 일을 맡아보게 하였으며 각도의 감사에게는 같이 따라가 감독하도록 하였고 경기도 남양주에 묻었다.

광해군은 통상의 다른 왕들이 갖는 묘호(廟號)가 없다. 조선시대 국왕들은 여러 가지 이름을 갖고 있다. 그 가운데 하나가 묘호이다. 묘호는 국상을 마친 뒤 신위를 종묘에 안치할 때 붙여지는 이름이다. 당사자 사후에 붙여지는 이름이니 당사자들은 알 리가 없는 이름이다.

묘호의 제정은 또한 제정 당시의 정치적 상황이나 권력의 향배가 중요한 변수이다. 흔히 묘호에는 조(祖)나 종(宗)이 붙게 마련이다. 태조니 태종이니 세종이니 하는 것이 그것이다. 그런데 특이하게도 광해군은 15년간을 왕위에 재위했음에도 그는 왕자, 그것도 적장자가 아닌 후궁 소생의 왕자에게 붙여지는 군이라는 이름으로 오늘날에도 불려지고 있다.

혹자는 그가 후궁 소생이니 당연한 것 아니냐고 할지 모른다. 그러나 후대이지만 장희빈 소생인 경종과 숙빈 최씨 소생인 영조는 종과 조가 붙여졌다. 단종은 노산군으로 불리며 묘호조차 갖지 못하다가 사후 250여 년이 지난 숙종대 묘호를 갖게 되었다. 그러나 광해군은 이후 어느 시기에도 그의 묘호에 대한 논의조차 없었다.

그는 재임 당시 서적의 간행에도 힘을 기울여『신증동국여지승람』,『용비어천가』,『동국신속삼강행실』등을 다시 간행하고『국조보감』,『선조실록』등을 편찬하였으며, 적상산성에 사고를 설치하였다. 또한 허준을 지원해『동의보감』편찬을 마무리하는 등 문화사업에 다대한 공을 남겼다.

광해군은 광폭한 군주로 알려져 있으나 후세 사학가들에 의해 탁월한 외교전략 등 많은 업적을 남긴 군주로 재평가되는 등 오늘날 광해군의 공로와 과실은 양면적으로 평가되고 있다. 즉 붕당의 소용돌이 속에서 희생된 측면이 있다고 하여도 과언이 아니다. 그의 묘호는 '광해군지묘'로 경기도 남양주시에 있다.

송시열 영정 / 문화재청

송시열 宋時烈_1607~1689

제주유배
1689년(숙종 15)

83세 고령임에도 불구하고

조선 중기 성리학의 큰 인물이며 노론의 최고 지도자였던 송시열. 1633년(인조 11) 생원시험에 장원으로 급제하여 경릉참봉을 거쳐 봉림대군의 스승이 되었다. 그 뒤 효종, 현종에게 중용되어 이조판서, 우의정, 좌의정에 올랐다. 서인의 거두로서 남인과 예론에 대하여 서로 다투기도 했다. 한때 남인에게 몰렸다가 다시 정계에 나와 이름을 떨쳤으며, 서인이 다시 노론과 소론으로 나뉘자 노론의 우두머리가 되었다.

80평생을 치열한 당쟁의 와중에서 기폭을 되풀이했던 송시열.

그의 강단에 치우친 성격은 같은 당대의 소장파와 간격을 깊게 하여 서인 내부의 노론, 소론의 분열을 초래하였으며 그의 분투로 사색 중에서 노론의 우세는 결정적으로 굳어졌다.

그러던 그가 희빈 장씨 소생의 아들을 원자로 정하는 문제로 권력의 중심이 서인에서 남인으로 바뀌는 기사환국(己巳換局) 때문에 83세의 고령임에도 불구하고 1689년(숙종 15) 제주도로 유배된다.

노구를 이끌고 아들 송기태, 형제, 손자, 조카, 노복 등과 함께 태인에서 출발하여 강진을 거쳐 제주목으로 향했다. 일행은 보길도에 이르러 풍랑을 만나 잠시 바람이 잦기를 기다린다. 그는 잠시 머물면서 백도리 암벽에 "여든 셋의 늙은 몸이 푸른 바다 한가운데 떠 있구나. 말 한마디가 어찌 큰 죄인일까 마는 세 번이나 내쫓기니 궁하다 하겠네"라는 내용을 음각하여 남겼다.

바람이 잦아들자 그의 일행은 다시 돛을 올려 제주도 별도포에 도착하여 제주목 성안 산지골에 사는 아전 김환심(金煥心)의 집을 적소로 정했다. 그는 향교에서 『주자대전강목』, 『역학계몽』 등을 빌려다 매일 손자와 함께 읽거나

우암 송시열 선생 유허비

뜰을 산책하면서 만년의 애상 젖은 세월을 보낸다.

1772년(영조 48)에 「우암송선생적려유허비(尤庵宋先生謫廬遺墟碑)」가 세워졌는데 제주도 유배생활이 자세히 적혀 있다.

오호라, 제주의 동쪽 성안 산지골은 우암선생께서 귀양살이 하던 옛터이다. 선생께서는 기사년(숙종 15년, 1689) 3월에 오셔서 달을 넘겨 체포되어 가는 도중 다음의 어명을 받았다. 이 터는 고을 아전인 김환심의 집이었는데 갑진년에 불타고 지금은 밭이 되어 있다. 신묘년 봄에 권진응공이 선생에 대한 일을 상소하였다가 대정현에 안치되었다. 귀양이 풀린 다음 고을 선비들과 옛터를 찾아보고 탄식하여 말하기를 선생의 성대한 도덕과 위대한 업적으로써도 백년이 채 못 되어 그 자취를 찾기가 어려우니 사림의 부끄러움이 아닌가 하므로 삼읍의 선비들이 의논하여 짧은 비석을 세워 표시함에 목사 양세현 사도가 도움을 주었다. 옛어른들이 이르기를 선생께서 귀양살이를 할 때 다른 일은 별로 없었고, 고을 향교의 경적을 가져다 읽었다. 떠나올 때에 과일·포·술을 갖추어 와서 축문을 지어 손자인 주석을 시켜 귤림사에 제사를 올렸다. 하루는 지팡이를 들고 (귤림서원의) 뜰을 둘러보고 빈 땅에 손수 생강을 심었다. 이 모두가 옛일을 갖추려 한 일이므로 부기한다. 숭정기원뒤 3번째 임진년(영조48, 1772) 2월 일 후학 김량행이 짓고 이극생이 쓰다.[34]

日方可□
之亂之歸
生於大意盡之人俤之
士目珠意為事事命
高等對之等侍以々
己元廿八
梁時然

송시열의 글씨 / 국립제주박물관

그의 유배기간이 비록 100여 일밖에 안되었지만 내도 자체가 제주도 유생들에게는 커다란 충격이었다. 제주도에서 100여일을 머물다 국문을 받기 위해 상경도중 남인의 책동으로 정읍에서 사약을 받고 세상을 떠났다.

배향과 의미

송시열은 숙종이 펼쳤던 환국정치의 대표적인 피해자이다.

숙종은 환국정치를 이끌면서 송시열을 비롯한 허적, 윤휴, 이원정, 김수항, 박태보 등 수많은 뛰어난 신하들을 희생시켰을 뿐 아니라 심지어 자신의 부인인 인현왕후를 폐위시키거나 세자의 생모인 희빈 장씨를 죽이기까지 했다. 이로써 왕권은 강화되었지만 그것은 피비린내 나는 정치옥사의 결과였다.

송시열의 학문은 추상적이며 공리공론을 일삼는 이론성리학 차원에 안주하지 않고 공자의 중심철학에 충실했고 조광조, 이이, 김장생으로 전수되는 도학과 예학을 계승하고 발전시켰다. 그런데 이러한 송시열의 학문은 곧 조선 의리학파를 여는 중요한 열쇠가 된다.

그는 성격이 과격하여 많은 정적을 두기도 했으나 한편으로는 훌륭한 제자를 많이 길러내 그의 학문은 그들을 통해 전수된다. 충, 효, 예의 도덕적 근본이념을 누구보다 철저히 내세워 주자학을 신봉하고, 이를 탐구해 면학함을 교육사상

송시열의 글씨 / 국립제주박물관

의 근본이념으로 삼았다. 그의 교육과 사상은 '춘추대의를 배우고 이 대의대로 행하며 살고, 이 대의인 직(直)으로 죽음이 마땅하다'로 요약할 수 있다.

1694년 갑술환국으로 송시열이 복원되자마자 제주도 유생 김성우가 상소하여 귤림서원에 송시열을 배향하게 된다. 이 역시 당시 유배 중이었던 김춘택이 상소문을 써준 덕택이었다. 송시열이 귤림서원에 배향되던 숙종 시기는 서원 배향인물 선정 금령이 엄격하던 때임에도 불구하고 배향되었기 때문에 그만큼 의의가 더 컸다.

송시열의 수제자인 권상하는 스승이 제주도에 유배되자

굴림서원 옛터(오현단)에 남아있는 경주 벼락 마애명

운명을 예감하여 제주도에 찾아와 이별을 고하고 스승의 의복과 책을 유품으로 받게 된다. 이 자리에서 송시열은 만동묘를 청주에 세워 명나라의 신종과 의종을 제향하도록 유서를 남기고 그의 학문적 신조에 대해 마지막으로 언급을 한다. 여러 가지 상황의 악화에도 불구하고 전혀 흔들림이 없었던 송시열의 집요한 의식집중은 그 자체가 커다란 자극으로서 풍류사종(風流師宗)의 절정이었다.

그의 적거기간은 불과 3개월에 그쳐 제주에 관련된 이야기는 거의 없다. 다만 귤림서원과 산지천에 있는 재앙을 막아달라고 하늘에 제사를 지내던 조두석이었던 경천암에 제를 올렸다는 이야기가 전해진다. 제주시 오현단 서쪽 암벽에 새겨져 있는 증자와 주자의 학문이 쌍 벽으로 서있다는 「증주벽립(曾朱璧立)」이라는 큰 글씨는 송시열의 필적이다.

김진구 金鎭龜_ 1651~1704

남인정권에 의한 탄핵

조선 후기 문신인 김진구.

그의 본관은 광산이고 호는 만구와(晩求窩)다. 그의 아버지
는 인경왕후의 부친으로서 당대에 병권과 경제권을 잡고 있
었던 광성부원군 김만기(金萬基)다. 1680년 별시문과에 병과
로 급제하고, 사관이 되어『현종실록』찬수에 참여하는 등 요
직을 두루 역임했다.

누이가 인경왕후였기 때문에 늘 몸가짐을 조심하였지만
인경왕후가 일찍 죽음으로써 왕후에서 폐위되고 희빈 장씨
가 중전에 앉게 되자 이의 부당성을 지적하는 상소문을 오두
인 등이 올린다. 이에 숙종은 분개를 하고 상소와 연루된 자
들을 처단한다. 이 문제로 김진구와 동생 김진규도 연루되

景獻公晛來窩府君遺像

김진구 / 광산김씨 전자족보

어 결국 김진구는 1689년 제주목으로, 김진규는 거제도로 유배된다. 이는 기사환국(己巳換局)에 의하여 들어선 남인정권에 의해 탄핵을 받은 사건이었다. 1694년 갑술환국으로 서인이 집권하게 되자 김진구는 풀려나 호조판서에 기용되지만 부임하지 않았다.

김진구는 제주도에서 성내 가락천 오진(吳眞)의 집에 적소를 마련하고 5년 동안 오정빈(吳廷賓), 고만첨(高萬瞻), 양수영(梁秀瀛), 이중발(李重發), 정창원(鄭敞遠), 김덕항(金德恒), 백희민(白喜敏)과 같은 제주도 제자들을 배출한다. 이들 가운데 대부분이 후일 문과에 급제하는 등 실력을 발휘하는데 김진구의 교학적 열의 덕택이었다. 그는 제주도에 경사학풍을 전수시킴으로써 학풍을 일신시키는 계기를 마련한다.

그들 가운데 이중발은 광해군 때 인목대비 폐위를 반대한 이유로 유배되었던 이익의 후손이며 오정빈은 현종 때 유배되었던 신명규에게 가르침을 받았던 사람이다. 1694년 장희빈이 서인으로 폐위되고 인현왕후가 복위하자 김진구는 이해 4월에 해배되어 호조참판에 등용되었다.

집안 전체가 유배인 신세

당시 남해도에서 유배생활을 하고 있던 김만기의 동생인

伏惟

之察　　洟淚上狀

某年三月十九日　　水鎮龜報

光先　　洟淚上狀

公州　樹下史　　顧命

晚邇中丞稱

厚札流蕃室江

政歇邦居琊送邨慰亭

卄幸先粗保他行立窗

直眺多擢草偶依領

김진구의 글씨

김만중은 조카인 김진구가 제주도로 김진규는 거제도로 유배되었다는 소식을 듣고 다음과 같은 시를 남긴다.

바다 구름 끝에는 아스라한 섬 세 개
방장산과 봉래산, 영주산이 가까이 이어졌네
숙부와 조카 형제가 나누어 차지하고 있으니
남들은 우리 보고 신선으로 보지 않을까[35]

남해 바다의 섬 세 곳에 함께 삼촌과 조카가 유배된 처지를 삼신산에 신선이 되어 왔다고 짐짓 여유롭게 표현하였다.

그런가하면 김진구의 아들인 김춘택도 1706년(숙종 32) 제주목으로 유배를 와서 부친이 머물던 집에 기거를 하게 된다. 또한 김진구의 사위인 임징하(任徵夏)도 탕평책을 반대하다가 1727년 제주도 대정현에 유배되었다.

다행히 임징하는 제주목사를 지낸 임홍망의 손자라는 이유로 사람들로부터 존경과 대우를 받는다. 임징하는 고영제의 집을 적소로 정하여 지방자제들을 가르치는가 하면 장인 김진구의 제자인 김덕항과 친교를 나누었다. 그러나 1729년 사헌부의 요청으로 다시 역모의 죄명으로 친국을 받을 때 끝까지 왕의 각성을 촉구하며 항거한다. 그러다가 언관을 벌주면 안 된다는 전통에도 불구하고 왕권의 확립과 국가기강을 세운다는 명분으로 여덟 차례의 고문 끝에 옥사하고 말았다.

김진구 본인은 물론 아들과 사위마저 제주도 유배인이었

던 것은 물론이고 여기에도 손자인 김원재(金遠材)는 부친 김용택이 전해준 「숙종어제」라는 위조된 시를 보관하고 있었다는 죄로 1740년(영조 16) 제주목에 유배되기도 했다.

西齋集卷之二

詩　南遷錄

發順安

里巷驚奔屬門前使者來淸晨捕似鳥長路走如雷

芳草凄無柩浮雲鬱未開行將過　京闕策馬意方

催

與諸生訣口呼要和

玆鄕亦難別如別故鄕初一死人皆有吾心本自如

皇天猶在上後世或知余無以此爲戒閉門好讀書

西伯 洪公錫輔 有別詩口呼以次

百齋集 卷二　詩　一

임징하 『서재집』

김춘택 영정 / 북헌집

김춘택 金春澤_ 1670~1717

제주유배
1706년(숙종 32)

다섯 번의 유배 가운데 네 번째

북헌(北軒) 김춘택은 조선 정치사상 정치세력의 기복이 가장 심했던 숙종시대 정쟁의 격심기에 다섯 번의 유배를 경험했던 인물이다. 할아버지는 인경왕후의 부친으로서 당대에 병권과 경제권을 잡고 있었던 김만기이고 아버지는 호조판서를 지낸 김진구로서 그의 가계는 당대 대표적인 권문세가이면서 노론의 중심가문으로 숙종 연간에 국정 전반에 막대한 영향력을 행사하였다.

1689년의 기사환국이 일어나 인경왕후가 폐비되고 장희빈이 왕비로 책봉됨으로써 남인이 정권을 잡게 되자 부친은 제주도로 유배되는 등 북헌의 집안은 최대 위기를 맞게 된다. 북헌은 1691년(숙종 17) 22세 때 유배생활을 하고 있는 부친을 모시러 제주도에 와서 부친이 가르쳤던 오정빈, 고만첨, 양수영, 이중발, 정창원, 김덕항, 백희민 등 제주도 지식인들과 교류하였고 동천동과 청풍대에서 놀며 제주의 들과 산을 유람하여 시를 지었다.

1694년(숙종 20) 폐비민씨(廢妃閔氏)를 복위하려고 한다는 혐의로 체포되었으나 무고로 밝혀져 풀려난다. 폐비민씨 복위운동을 반대하던 남인이 축출되면서 서인이 정권을 잡게 된 사건을 갑술환국이라고 하는데 이후 서인은 노론과 소론으로 분열되면서 소론은 송시열을 중심의 노론을 비판하고 견제하면서 상호배척과 비방이 심화된다. 이런 정국 속에서 갑술환국의 일을 가지고 북헌을 다시 문제 삼자 유배에서 풀려나 호조판서가 된 아버지 김진구가 이를 변호하지만 계속된 정배 요청으로 황해도 김천에 유배된다. 이것이 북헌의 첫번째 유배생활이다.

1699년(숙종 25) 30세에 유배에서 풀려나지만 1701년(숙종 27) 11월 장희빈의 오빠인 장희재의 아내와 간통하였다는 주장 때문에 다시 전라도 부안현에 유배되었다가 다음 해에 풀려난다. 1706년(숙종 32) 4월에 매부의 일에 얽혀 해남으로 유배를 가게 되는데 해남에 있을 때 장희빈의 소생인 세자를 모해하려 한다는 혐의를 입어 서울로 잡혀가 심문을 받게 되었고, 김춘택은 이를 중상모략이라고 부정했지만 끝내 무고에 연루되어 1706년(숙종 32) 9월 제주도로 유배된다.

아버지를 이어 제주도의 같은 집에서

북헌이 제주도 조천관에 도착한 1706년 9월 29일부터 1710년 7월 23일 별도포를 떠나기까지 5년 동안 유배생활을 하게 되는데 적거장소는 제주 성안 가락천 부근 동천동(洞泉洞 지금의 제주시 이도일동)에 있는 오진(吳眞)의 집이다. 이 집은 16년 전 부친 김진구가 머물렀던 곳이었다.

그는 제주의 풍속과 지리에 관해 다음과 같이 언급하면서 천하에 가장 곤궁한 곳이라고 했다.

> 동쪽으로는 일본과 이웃하고 서쪽으로는 중국과 인접하였으며 원타(黿鼉), 교룡(蛟龍)들과 함께 살며 이매와 상설(霜雪)이 섞여 있는 곳이다. 조어(鳥語)를 하고 가죽옷을 입은 사람들과 왕래하며 이매(魑魅)와 망량(魍魎)이 서로 각축을 버리니 아마도 천하에 가장 곤궁한 곳이다.[36]

부친 김진구가 제주유림에 많은 영향을 미쳤으며 북헌도 한때 부친을 보살피러 제주도에 왔을 때 제주유생들과 교류를 했었기 때문에 북헌이 제주도에 유배되자 제주목사와 유생들로부터 많은 편의를 제공받을 수 있었다. 이런 이유로 유배인 신분이면서도 자유롭게 행동할 수 있었고 말과 한 명의 노비를 제공받을 수 있었다. 이때 북헌은 상중이었으므로 선친의 위패를 거처하였던 방에 모시고 부친의 제주문하생들과 제례를 지내면서 그 별실에 기거하였다.

북헌은 제주성 동천동에서 이듬해 1707년(숙종 33) 2월까지 기거하다가 부친의 제례 기간을 바친 뒤 성안에서의 생활 불편 때문에 3월에 제주성 북문 밖 산지로 옮겨 유배생활을 하였다. 1703년(숙종 34)에 제주성 남문으로 이사해서 1710년(숙종 36) 전라북도 임피(臨陂)로 이배될 때까지 이곳에서 기거하였다.

북헌의 나이 33세가 되던 1707년(숙종 33) 때 전시에 나아가는 제주인 오정빈, 고만첨, 정창원에게 송서(送序)를 지어주었다. 이 세 사람은 이 해 음력 1월 21일에 급제하였다. 12월에는 부친 김진구의 첫 기일을 맞았으나 제사를 올리지 못하고 제주사람 이중발, 김덕항, 백희민 등과 함께 성 밖 포구로 나가 북쪽을 향해 절하고서 곡하고 돌아오기도 했다.

1708년(숙종 34)에 순 언문으로 「별사미인곡(別思美人曲)」을 지어 송강(松江) 정철(鄭澈)의 「사미인곡(思美人曲)」에 답하였다. 정철의 작품에 비하면 절실한 감정 표현이 모자라나, 순언문으로 정연한 율조 아래 평이한 언어를 구사하고 있어 친근감을 갖게 하는 작품이다.

여기서 눈여겨 볼 것이 김춘택이 순언문으로 「별사미인곡」을 썼다는 사실이다. 이는 매우 흥미로운 일이다. 당대 지배 계급의 전유물이었던 한문적 세계관에 대하여 최고의 한문 지식인이 언문적 세계관을 소개했다는 사실 때문이다. 물론 그것은 김춘택이 결코 의도하지 않은 결과였다. 이는 유배지에서 언문소설을 쓴 김춘택의 삼촌인 김만중의 태도와도 비슷하며 제주도에서 언문편지를 남긴 추사 김정희와도 비슷하다. 이렇게 언문을 통한 새로운 의식세계를 소개하는 일이 제주도에서 김춘택이나 김정희로부터 비롯되었다는 사실은 매우 흥미로울 수밖엔 없다.

사실 18세기 이래로 진행된 경제적, 사회적 변화에 힘입어 전문 지식을 갖춘 중인 집단, 처사로 불리는 유랑 사람들, 그리고 향촌에 거주하면서 평민과 다름없는 생활을 했던 몰락 유사들이 저변에서 지식의 유형을 바꾸기 시작한다. 그런데 일부 한문지식인들의 언문 사용을 통해 그 역할의 촉매가 되는데 김춘택이나 추사 역시 의도하지는 않았지만 제주유배인으로서 그 역할을 하게 되었으며 제주도 사람들이 그것을 지켜보았다는 것이다.

북헌과 제주도 지식인들과의 교류는 매우 긴밀하였는데 제주의 장씨와 김씨 성을 가진 유생이 학문적 교류를 맺고자 하는 글인 「답장김이생서(答張金二生書)」와 제주 유생 유문세가 문(文)에 대하여 질문한 것에 답한 편징인 「여유생문세서(與柳生文世書)」를 통해 제주유생들의 학문적 갈증을 해소하고자 하는 당시의 일면을 엿볼 수 있다.

그런가하면 제주해녀들의 고통도 곁에서 지켜보면서 「잠녀설(潛女說)」이라는 글도 남겼는데 제주해녀들이 전복을 따는 과정과 어려움과 관리의 학정으로 전복을 사서 공물을 바쳐야 하는 해녀들의 처지를 상세히 설명함으로써 그들에게

연민의 정을 표현하고 있다.

그가 남긴 「제주」라는 제목의 한시를 보면 유배생활의 면모를 들여다볼 수 있다.

바다로 나뉜 제주도는
하늘이 한라산을 빌어내었나
준마는 들에 가득하고
귤, 유자 가을 밥상에 가득하네
절구질 노래 아침저녁으로 들리고
상선이 왕래하는 소리 들리네
다만 푸른 바다에 뜬 달 사랑스러우니
흐르는 달그림자 장안을 비추겠지[37]

북헌의 나이 40세가 되던 1709년(숙종 35)에 동생들과 처 한산이씨가 제주에 왔는데 이후부터 아내는 북헌이 임피에 이배되어 유배생활하는 동안 함께 기거하였다. 드디어 1710년(숙종 36)에 감등이 되어 그 해 7월 23일 별도포를 통해 제주도를 떠난다.

북헌에게 있어 제주는 부친 김진구와 함께 2대에 걸친 고난의 땅이었다. 유달리 척박하고 재해가 많은 제주는 남다른 편의를 제공받았던 북헌에게 있어서도 견디기 힘든 생활을 강요하였다. 북헌이 처음 제주에 유배와서는 2대에 걸친 유배인이라는 독특한 상황 속에서 남다른 절망과 체념을 갖기도 했지만 점차 내면적인 성찰을 통해 자아를 돌아보고 학문에 침잠하는 기회를 가질 수 있었다.

제주 별도포를 출발하여 임피로 이배되었다가 1712년(숙종 38) 재해로 인하여 죄수를 석방하라는 명에 따라 드디어 유배에서 풀려났다. 임피에서는 제주도에서 교류했던 오정빈이 만경현령으로 있어서 자주 내방하였다.

북헌이 제주 조천관에 도착한 1706년 9월 29일부터 1710년 7월 23일 별도포를 떠나기까지의 제주에서 5년 동안 유배생활을 하면서 지은 시 114제 210수와 문29편을 묶어 「수해록(囚海錄)」이라고 하였다.

북헌집 / 디지털제주시문화대전

조정철 趙貞喆_ 1863~1945

제주유배
1777년(정조 1년)

집안의 비극

조정철의 가문은 당쟁이라는 격랑 속에 부침을 거듭했다. 그 시작은 그의 증조부로서 노론 4대신의 한 명이었던 조태채(趙泰采)로부터 시작된다. 정조의 추대 문제로 노론과 소론이 갈등을 했던 신임사화 때문에 조태채는 진도에 유배를 가서 죽임을 당한다.

이 사건으로 조정철의 가문은 막대한 타격을 입게 되는데 그의 조부이자 조태채의 맏아들인 조정빈은 1723년(경종 3) 제주도 정의현에 유배되었고, 그 동생인 조관빈은 1723년 흥양현에 유배되었다가 풀려나지만 1731년(영조 7) 소론의 탄핵으로 다시 제주도 대정현에 유배된다. 그런가하면 조정철의 아버지 조영순 역시 탕평책을 언급했다하여 1754년(영조 30) 제주도 대정현에 유배된다.

　이러한 집안의 비극은 조정철에게도 대물림되어 정조 시해사건에 연루되어 1777년(정조 1) 8월 제주목으로 유배된다. 정조를 시해하려다 실패한 사건에 조정철의 처갓집이 연루되면서 조정철은 물론이거니와 그의 형 조원철을 비롯한 일족이 잡혀가 죽임을 당할 처지가 되었지만 증조부 조태채의 공적을 감안하여 제주도로 유배되는 선에서 일이 정리되었던 것이다.

홍윤애와의 사랑

　1777년 8월 11일 제주도로 가면서 29년에 걸친 파란만장한 조정철의 유배생활이 시작된다. 조정철이 제주도에 도착하자마자 9월 27일 아내가 자결을 하였고 이에 큰 충격을 받게 된다. 이렇게 유배지에서 절망적인 상황을 맞이한 조정철은 제주도 여자 홍윤애(洪允愛)와의 만남을 통해 위안을 얻게 된다.

　유배적소에서 일하는 홍윤애가 식사와 의복을 정성으로 수발하면서부터 그는 적소를 '무릉(武陵)'이라고 하면서 "비록 속세의 소식은 끊어졌으나 무릉에는 다시 봄이 돌아온 듯하고"라고 표현하였다. 홍윤애는 향리를 지낸 홍처훈의 딸로 모친도 죽어 언니, 오빠와 함께 살고 있었다. 그녀는 섬에서 구하기 어렵고 귀한 문방사우 등을 상인에게 몰래 부탁해서

애월읍 유수암리에 있는 홍윤애의 묘

구하여 조정철에게 건네주기도 하였다. 그녀와 정식으로 혼인을 맺지는 않았지만 사이에 딸이 태어나기도 했다. 그러나 그들의 사랑은 오래가지는 못했다.

1781년(정조 5) 조정철의 집안과는 이미 할아버지 때부터 불구대천의 원수지간이었던 소론파의 김시구가 목사로 부임

하면서 그들 사랑의 시간은 끝이 나게 된다. 그는 조정철을 죽일 수 있는 새로운 죄목을 캐기 위해 거동을 염탐하던 중 적소에 홍윤애가 출입하는 것을 알고 그녀를 잡아다가 음모 여부를 문초하였다. 그녀는 모든 사실을 부인하였고 끝내 자신의 죽음으로 조정철을 변호한다.

김시구는 홍윤애를 옥에 가두어 형틀에 매달아 모진 형을 가하며 앞뒤 일을 자복하라고 강요했다. 그녀는 가혹한 고문을 당하면서도 "공이 사는 길은 나의 죽음에 있다"라며 끝내 불복하여 그에 대한 혐의를 확인하지 못하였다. 이에 아이를 낳은 지 얼마 되지 않은 몸으로 장 70대를 맞은 여독에다 상황이 더 위태로운 형국으로 몰리자 스스로 목을 매어 자결했다.

"6월 2일 새벽에 상여 소리 듣고서 물어보니 홍랑의 발인이었다. 나 때문에 죽었으니 나도 모르게 가련하고 참담하였다"고 하였다. 후일 조정철은 이때의 정황을 "어제 미친 바람이 한 고을을 휩쓸더니, 남아있던 연약한 꽃잎을 산산이 흩날려 버렸네."(昨日狂風吹大樹 殘花嫩葉落紛紛)라고 비통하게 시의 한 구절로 토로한다. 이 시의 길고 긴 제목을 보면 당시의 정황을 짐작할 수 있다.

"목사 김시구는 흉악한 남인이다. 한결같이 배에서 내린 날로부터 이미 나를 죽이려는 마음이 있었다. 50필의 면포를 1등으로 일을 처리한 사람에게 걸고서 밀고하라고 문을 열어두었다. 끝내 죄가 될만한 단서가 나오지 않자 드디어 전립을 쓰고서 몸을 스스로 출몰하다가 종국에는 이에 그의 무리 판관 황린채와 손발이 척척 맞아 나쁜 일을 함께 하며 서로 도왔다. 한 명의 어린 기녀로서 면천되어 집에 기거하던 자를 억지로 끌고와서 나의 적거에 출입한 죄를 씌워 특별히 서까래로 만든 장을 내리치니 60~70여 대에 이르자 뼈가 바수어지고 근육이 끊겨져 죽었다. 일이 너무도 놀랍고 참혹

홍윤애의 비석

유배길에서 만난 사람들

하여 급하게 한 수의 절구를 쓴다. 신축년(정조 5, 1781) 윤 5월 15일
이었다." [38]

김시구는 죄상을 밝힐 증거도 드러나지 않은 상태에서 사
람을 죽인 사실을 은폐하기 위하여 제주도 유배인들이 역모
를 꾸민다는 허위보고를 올리게 된다. 이에 조정은 제주목사
및 대정현감, 정의현감을 새로 임명하고, 어사를 파견하여
조사를 벌이지만 조정철은 혹독한 심문 끝에 결국 무혐의로
출옥하여 1782년에 2월 정의현으로 적거지를 옮기고 1790년
9월까지 머물렀다.

조정철은 "만사가 텅 비어 백발과 같다"고 심경을 극명하
게 드러내곤 했다. 그러나 조정철은 백발의 외로운 꿈만을
꾼 것은 아니었다. 홍윤애의 사랑이 있었고 홍윤애의 죽음이
있었다. 그것들은 모두 그리움의 다른 이름들이다. 그리움이
남아 있는 남자, 그러기에 조정철은 행복한 유배인이었다.
홍윤애의 무덤은 제주도 북제주군 애월읍 유수암리에 있고
지금도 조정철이 세운 비가 남아 있다.

제주를 떠난 후

제주도를 떠난 후 추자도, 전라도 광양, 구례, 황해도 토
산현 등을 거쳐 조정철은 한 많은 유배생활을 끝내게 된다.

1805년(순조 5) 유배에서 풀려나 1811년(순조 11) 제주목사가 되어 한 맺힌 제주도를 다시 찾게 된다. 조정철은 제주목사로 부임하는데 제주를 떠난 지는 8년 만이고 해배된 지는 4년만의 일이었다. 1812년 동래 부사로 부임할 때까지 1년 간 제주도에서 머물면서 그를 위해 죽어간 홍윤애의 혼을 달래고,

홍윤애의 비문

이미 31세가 된 딸도 만나보게 되는데 그가 제주목사가 된 것도 그녀에게 진 빚을 갚기 위한 뜻이 있었던 것이다. 그를 살리기 위해 대신 죽어갈 수밖에 없었던 여인에 대한 미안함과 회한이 평생 마음에 있었던 것이다.

그녀를 위해 조정철이 쓴 비문이 일품이다. 이 가운데 특히 앞부분의 분위기가 범상치 않다.

> 옥 같던 그대 얼굴 묻힌 지 몇해던가.
> 누가 그대의 원한을 하늘에 호소할 수 있으리.
> 황천길은 멀고먼데 누굴 의지해서 돌아갔는가.
> 진한 피 깊이 간직하고 죽고 나도 인연이 이어졌네. [39]

홍윤애가 고문을 못 이기고 자백을 했다면 조정철의 생명도 장담하지 못했을 것이다. 피가 나고 살이 터지는 혹형 속에서 끝내 사랑하는 사람을 지키려는 일념으로 저항하다 형세가 도저히 빠져나오지 못할 것으로 보이자 목을 매어 죽었으니 그 헌신적인 사랑이 눈물겹다.

제주목사로 있는 동안 치적도 적지 않았다. 동서외곽을 개축하여 왜구나 폭동에 대비했고 또 12개 과원(果園)을 설치하여 감귤재배를 권장하였다. 다행히 그의 말년은 평탄하였다. 1813년 충청도 관찰사 이후 1830년 사헌부 대사헌, 지충추부사를 끝으로 관직에서 물러났다. 1831년 향년 81세에 별세하였으니 참으로 파란만장한 생애였다.

제주시의 감귤 과수원

정병조 鄭丙朝_ 1863~1945

제주유배
1896년(고종 33)

조선 조정이 배일친러 정책을 실시하여 일본군을 조선에서 몰아내고자 하자 이에 위기감을 느낀 일본은 1895년 8월 대러 관계를 주도하고 있던 명성황후를 시해하고 친일세력으로 하여금 조정을 장악하게 하는 을미사변을 일으킨다. 이 사건으로 신변에 위협을 느끼고 있던 고종은 은밀히 러시아와 내통하고 1896년 2월 러시아 영사관으로 몸을 옮기는 아관파천을 단행한다. 고종은 친러 정권을 수립하여 친일 내각의 요인들을 역적으로 규정지으며 단죄를 했는데 이때 정병조와 함께 서주보(徐周輔), 김경하(金經夏), 이태황(李台璜), 이범주(李範疇) 등이 제주목에 유배된다.

그들 중 정병조는 소론 집안에서 태어났고 본관은 동래이며 자는 관경(寬卿), 호는 규원(葵園)이다. 그는 1882년(고종 19) 진사시에 합격하였고, 1896년 명성황후 시해의 음모를 미리 알고서도 방관하였다는 탄핵을 받아 제주도로 종신 유배되었던 것이다.

제주에 유배되었을 때 정병조는 현재의 제주시 이도1동 사마제터에서 유배생활을 했다. 적거 중에는 김윤식을 중심으로 유배인들과 지방문인들이 어울려「귤원(橘園)」이라는 시회(詩會)를 조직, 정기적으로 시회를 갖는 등 활발한 활동을 하였다. 1901년(광무 5) 천주교난으로 7월 위도에 이배되었다가 일본의 세력이 강해지자 1907년 특사로 풀려났다.

그 뒤 중추원의 촉탁으로『조선사』의 편찬에 참여하였다. 시문에 능하였으며, 글씨도 잘 썼다. 특히, 시에 뛰어나 많은 가작을 남겼는데, 시는 일반적으로 평이한 시풍을 벗어나 화려하고 참신하다는 평을 받았다. 저서에『녹어산관집』4권이 있다. 또한 학식이 뛰어난 정병조는『대전회통』을 번역하였으며, 조선어사전 심사위원을 역임하였다.

그러나 1928년부터 11년 동안 중추원 조사과 촉탁 등을 맡아 효율적인 식민통치를 위한 기반 조사 작업에 꾸준히 종사했다. 국민협회 간부로서 신일본주의를 선전한 일은 국민들의 공분을 사서, 제주도에 강연을 왔던 정병조에게 협박장이 전달되고 범인이 잡혀 징역형을 선고받는 일도 있었다.

신일본주의는 일본이 대한제국 병합으로 일본만의 일본이 아닌 새로운 일본이 되었다면서, 조선 민족은 일본 제국의 신민임을 강조하며 내선일체를 전파한 논리였다. 2002년 민족정기를 세우는 국회의원모임과 광복회가 공동 발표한 친일파 708인 명단, 2008년 민족문제연구소의 친일인명사전 수록예정자 명단에 포함되었고 2007년 대한민국 친일반민족행위진상규명위원회가 발표한 친일반민족행위 195인 명단에도 들어 있다.

서주보 徐周輔_ ? ~ ?

제주유배
1896년(고종 33)

서주보는 1884년(고종 21) 교섭통상아문의 주사가 되었다.
1889년에는 문과에 급제한 뒤 예조참의와 승지를 거쳐 1894년
에는 내부참의에 이르렀다. 1896년 4월에 이르러 1895년 8월
역변과 10월무옥에 관련되어 정병조 등과 함께 구금되었고
심판을 받던 중 고종의 특명으로 정병조와 함께 제주도에 유
배되었다.

고종실록에는 다음과 같이 적고 있다.

"법부에서, '조칙에 따라 선고한 후에 배소를 정하니, 서주
보, 정병조, 김경하, 이태황, 이범주는 제주군으로, 정만조는
금갑도로, 우낙선은 백령도로, 전준기는 흑산도로 하고 홍
우덕의 감금 처소는 추자도로 하겠습니다.'라고 상주하였
다."[40]

서주보는 정병조와 함께 김윤식이 유배를 와서 시회 「귤
원」을 만들자 회원으로 동참한다.

민비 일파의 친러적 세력을 없애고 자기의 세력을 키우기
위하여 일본공사 미우라 등이 일으킨 을미사변으로 유길준
등 친일파를 중심으로 제4차 김홍집 내각이 수립된다. 새 내
각에서는 모든 방면에 손을 대어 음력의 폐지, 종두법의 시
행, 우편의 개시, 건양 연호의 사용, 단발령의 시행 등을 급진
적으로 추진하였다. 그러나 민비의 참변과 단발령은 민심을
크게 흔들어 각처에서 의병이 봉기하였으며 결국 아관파천
의 계기를 마련하였고 고종은 이를 계기로 친일 내각의 요인
들을 제주도에 유배 보냈던 것이다.

서주보 적거지 표지석

이승오 李承五_ 1837 ~ 1900

제주유배
1897년(고종 34)

    이승오는 조선말기 문신으로 1837년(헌종 3) 서울에서 이경재의 아들로 태어나, 문과를 거쳐 1865년(고종 2) 성균관대사성을 지내고, 이듬해 이조참의를 역임하였다. 이후 여러 관직을 역임하다가 1897년(광무 1) 12월 조종(祖宗)의 영(靈)을 무(誣)하였다고 하여 제주도에 종신유배형에 처해졌다.

    이승오는 김윤식과 함께 인천항을 출발, 해룡호 편으로 군산·목포를 거쳐 1898년 1월 11일 산지항에 도착하여 제주성내 김응빈 판관 집에 김윤식과 적거하였으나 뒤에 이 집을 매입 적거하였다. 같은 해 2월 김윤식 등 유배인과 지방 문인들과 「귤원(橘園)」시회를 조직, 첫 모임을 갖고 그 후 정기적인 시회를 가졌다. 또한 같은 해 6월 제주여인을 얻어 김윤식이 사는 바로 뒷집으로 옮겨 담장을 두고 교류했다.

    이승오가 제주목에 종신 유배된 후 방성칠의 난이 일어나자 조정에서는 제주목사 이병휘를 파직하여 법부에 압송시키고 난을 수습하기 위하여 4월 박용원을 제주찰리사로 보냈다. 그런데 박용원이 외무참의로 근무할 때 이승오가 외무대신을 지내어 서로 알고 지내던 사이였고 이승오는 이때부터 제주도에서 자유롭게 생활할 수 있었다. 그러나 1900년(광무 4) 9월 5일 64세를 일기로 제주 유배지에서 병으로 숨을 거두었다.

이승오와 제주유배생활을 같이하던 김윤식은 그의 죽음을 슬퍼하며 "비록 난세에 처하여도 족히 몸을 보전하다가 만년에 아주 험난한 고비를 만나 마침내 막다른 섬의 고혼이 되었으나 눈앞에는 한 사람의 가족도 없으니 천리인사를 참으로 헤아리기 어렵다"[41]고 비통해 하였다.

김윤식 金允植_ 1835~1922

제주유배
1897년(고종 34)

파란만장한 생애

1874년 문과에 급제한 뒤 황해도 암행어사를 거쳐 1880년 순천부사에 임명되었다. 정부의 개항정책에 따라 영선사(領選使)로 중국에서 일하면서 북양대신 이홍장과 7차에 걸친 회담을 하고, 그 결과 조미수호통상조약이 체결되었다.

청나라 체류 중 임오군란이 일어나자 청나라에 파병을 요청하는 동시에 흥선대원군을 제거할 수 있는 계략 등을 제의, 청나라의 개입을 주도하였다. 그 결과 청나라 군대와 함께 귀국하였다. 임오군란이 수습되고 흥선대원군이 청나라로 납치된 후 재차 청나라로 건너가 영선사로 데리고 갔던 학도, 공장들을 본국으로 철수시키고 각종 기기를 도입, 기기창(機器廠)을 설치할 수 있는 기반을 마련하였다.

군란 수습 후 중용되어 강화부유수에 임명되고, 규장각직 제학을 겸임하였다. 강화부유수로 있을 때 위안스카이(袁世凱)의 도움으로 500명을 선발하여 진무영을 설치하였다. 이 영군은 신무기로 무장하고 중국식으로 훈련되었으며, 갑신정변 때 상경하여 궁중 수비를 담당하기도 하였다.

1884년 갑신정변이 일어나자 김홍집, 김만식과 함께 위안스카이에게 구원을 요청, 그 결과 청나라 군대와 친군좌우영병(親軍左右營兵)이 창덕궁을 점거하고 있던 일본군을 공격, 정변을 끝냈다. 정변 이후 병조판서를 거쳐 독판교섭통상사무(督辦交涉通商事務)가 되어 대외 관계를 담당하였다. 독판 재임 중 민씨 척족과 친일 급진 개화파 세력에 대항하기 위해 흥선대원군의 귀국을 도모하여 실현하였다. 위안스카이가 새로 부임하자 그의 친청노선은 한층 굳어졌다.

1886년 4월부터 반대파의 모략이 거세져 어려운 입장에 처했는데, 1887년 5월 부산첨사 김완수가 일상사채에 통서(統署)의 약정서를 발급하였다는 죄목으로 면천으로 유배되어 5년 6개월을 지내야 했다. 1894년 석방되었는데 그가 등용된 것은 청일전쟁 직전으로, 일본 세력의 지원으로 민씨 척족 세력이 제거되고 흥선대원군이 집권에 성공하였기 때문이다.

그 뒤 김홍집내각에 등용되어 군국기무처 회의원으로 갑오경장에 간여하였고 독판교섭통상사무에 임명되었다. 그 해 7월 정부기구의 개편에 따라 외무아문대신에 임명되었다. 갑오경장의 입안자로 참여하는 한편, 일본에 의해 국권

운양 김윤식

이 잠식당하는 굴욕적인 모든 조약이나 조처에 순응하였다.
1896년(건양 1) 2월 아관파천이 일어나자 외무대신직에서 면직
되었고, 을미사변과 관련해 탄핵을 받고 1898년 1월 제주목
에 유배되었으나, 그 뒤 제주민란이 일어나자 1901년 6월 다
시 지도로 이배되었다. 1907년 7월 일진회의 간청과 정부의

70세 이상자에 대한 석방 조처에 따라 10년 만에 해금되어 서울에 돌아왔다.

그 후 중추원의장(中樞院議長) 등을 맡아 보았다. 갑신정변과 을미사변에 관련된 인사들을 중심으로 강구회(講舊會)를 조직하여 회장이 되었고, 이 회가 주최가 되어 애국사사추도회(愛國死士追悼會)를 가지는 등 정치활동도 하였다.

한편 한말 애국계몽운동이 활발해지자 기호학회 회장, 흥사단 단장, 그리고 교육구락부 부장, 대동교총회 총장으로 활약하였다. 한반도 강점 후 일제가 중추원부의장직과 작위, 연금 등을 주었으나 이를 거절, 후에 고종과 순종의 권유에 따라 작위는 받았다. 1916년에는 경학원대제학에 임명되었으나 두문불출하였다.

1919년 고종이 죽었을 때 일본측이 '전한국(前韓國)'이라는 '전'자를 고집하자 이에 항의하였다. 3·1운동이 일어나자 이용직과 더불어 독립을 요구하는 「대일본장서 對日本長書」를 제출하여 저항하였다.

제주목으로 종신 유배

김윤식은 한말의 대표적인 지식인으로 역사적 격변기에 고통스런 삶의 모습을 보여주었던 인물이다. 일반적으로 김윤식을 온건개화파로 지목하듯이 그의 행동궤적은 급진개화파로 불리우는 일파와는 다른 성향을 보여 주었으며 청나라와 연계선상에서 그 역할을 수행하였다.

김윤식을 위시한 온건개화파는 집권층에서 소외된 가문의 장년층으로 보수성향이 강한 인물들이었다. 이들은 청의 세력에 편승하여 갑신정변을 좌절시킴으로써 수구파에 일조하고 1880년대 후반과 1890년대 초에 걸친 청의 종주권 강화와 보수파의 반동세를 가속화시키는 일들을 했다.

이러한 와중에서 행정관료로 있던 김윤식은 1896년 아관파천에 따라 친러파 내각이 성립되자 민비 시해의 음모를 사전에 알고서도 방관했다는 탄핵을 받고 1897년(건양 2) 제주도 종신유배에 처해졌지만 제주도 민란이 확대되기 전 1901년 6월까지 유배생활을 하게 된다. 1897년 12월 21일 그는 유배를 떠나며 "가는 이 길은 종신유배길이라 살아 돌아 올 기약이 없으니 슬플 뿐이다"[42]라고 했다.

김윤식의 제주 유배생활 가운데 관심을 끄는 것은 시회(詩會) 「귤원(橘園)」의 모임과 활동이다. 「귤원」시회는 두 종류가 구성되었는데 우선 1898년 1월 유배와 있던 김윤식을 비롯 서주보(徐周輔), 정병조(鄭丙朝), 김경하(金經夏), 이태황(李台璜), 이승오(李承五) 등 유배인 7명이 감옥 내에서 창화한 시들을 『택반창수집(澤畔唱酬集)』으로 집성하였다. 그 후 김윤식은 풀려나와 개인 집으로 옮기게 되었다. 이때 같이 풀려난 유배인들과 그 수행원들을 회원으로 해서 「귤원아집회(橘園雅集會)」가 조직되고 1898년 4월부터 11월까지 19회에 걸쳐 시작활동의 모임을 가졌다. 그 구성원은 이승오, 이용호(李容鎬), 한선회(韓善會), 정병조, 서주보, 황병욱(黃炳郁), 정자소(鄭子紹), 이희섭(李喜爕), 오경재(吳慶材) 등이었다.

그 후에 다시 「귤원부시회(橘園賦詩會)」를 구성하여 1900년 10월 이후 12월 말까지 9번의 모임이 있었다. 이때는 이용호(李容鎬), 한선회(韓善會), 서주보, 정병조, 오경재, 이철우(李哲友), 강봉헌(姜鳳憲), 정자수, 이민섭(李敏爕), 나인영(羅寅永), 박인주(朴寅周) 등이 참여하였다.

시회 1, 2차에는 제주도 사람들도 참여했으며 따라서 이 모임은 유배인과 제주도 사람들로 이루어진 문예담론장이었다. 담론장이란 지식이 생산되고 소통되는 장으로서 특정 계급이나 계층, 집단의 이해 갈등을 내포하는 쟁점들에 대한 의사와 견해가 발설되고 유통되는 영역이다. 그것은 반드시 어떤 정치적 지향에 따라 일관된 논리를 갖는 이념 체계나 지식으로 정렬될 필요는 없다. 발화자와 청자가 주고받는 말들의 다발이 생산되고 유통되고 소멸되거나 증폭되는 산발적 소통의 장일뿐이다.

그래서 이 모임은 비록 사적 이해를 넘어서지는 못하고 애초 유배인들이 무료를 달랠 요량으로 추진하였던 것이지만 점차 시문에 관심을 가진 제주도 사람들도 가입하여 시작활동에 함께 참여함으로써 결과적으로 제주도 문화개발의 기폭을 마련하는 작은 계기가 된다. 따라서 이 모임은 김윤식 등의 개화사상을 제주도에 확산시키는 매개의 역할을 수행

김윤식의 글씨

하였다.

김윤식은 당대 고위정객이었기 때문에 제주도에서 융숭한 대접을 받았다. 제주도에 유배를 와서 처음에는 감옥서(監獄署)에서 40여일을 머물다가 거주제한을 하며 석방하는 보방(保放)이 되어 2월20일 교동에 있는 김응빈의 집으로 거처를 옮겼는데 그 정황을 다음과 같이 기록하고 있다.

여러 채로 된 집은 텅 비고 넓어서 화려하며 책갑과 탁자도 깨끗하다. 뿐만 아니라 꽃과 나무의 뜰도 있어 산책을 즐길 수도 있다. 주인은 각별히 잘 대접해주며 음식도 풍부하고 정갈하여 입에 맞다. 죄다 번화한 서울의 재미와 다를 게 없어 유배인이라는 신분을 돌아볼 때 너무 분에 넘치는 것 같다.[43]

당시 제주도 대부분의 주민들은 약간의 자작과 대부분 소작으로 살아가고 있었다. 따라서 지주와 임노동층은 거의 존재하지 않았고 대부분 빈농층으로 수산업, 목축업, 기타 부업을 겸하여 생계를 유지하였다. 이러한 상황에서 김윤식을 받아들였던 토착양반 김응빈의 힘과 그 의도를 짐작하기 어렵지 않다. 김응빈은 김윤식이 주도하였던 시회 활동에도 참여하였다.
김윤식이 주도한 시회 활동에 적극 참여하였던 다른 제주도 사람 홍종시 역시 당대 대표적인 제주도 토착양반으로서 김윤식이 "첫 대면 때 집에 많은 서화를 갖추고 있어 가히 그 풍아한 인품을 알 수 있었다."고 술회하였는데 이렇듯 제주도 토착양반들은 고위정객 출신의 유배인들과 깊은 교류를 맺었고 그것은 결국 토착양반들의 기득권 관리에 적잖은 도움으로 작용하였다.

이세직 李世稙_?~?

제주유배
1898년(고종 35)

이세직은 1894년(고종 31) 일본 동경에 가서 홍종우를 포섭하여 김옥균을 암살하게 하고 귀국하였다. 그는 뇌물수수와 공금횡령혐의로 종신유배에 처해져 1898년 2월 6일 현익선(顯益船)을 타고 인천에서 제주도에 도착한다. 그는 학문 연마를 목적으로 세워진 사마재에 세를 내어 살면서 학생들을 모아 일본어를 가르치기도 했다. 사마재는 학문 연마, 강독 강론과 대과 준비를 위하여 1879년에 제주목사 백낙연이 창건한 것이다.

당시 제주도에 유배 왔던 김윤식의 기록을 보면 "처음에 이세직이 사마재에 세를 내어 살면서, 학생들을 모아 일본어를 가르치니 읍내 소년배가 많이 이세직을 쫓아다녔는데 유배인 이태황과 최형순도 가서 배우고 있다"[44]라고 했다.

그런데 이태황이 세 들어 살고 있던 집주인 훈장 이규항이

이 사실을 알고 이세직과 제자들을 찾아가 "너희들이 왜놈을 닮을까 두렵다"고 하자 사제 모두가 화가 나서 이규항을 발로 차고 사마재 마당에 세운 뒤 이규항을 책망하였다. 이규항 훈장은 당시 60살의 노인으로 유생들에게 덕망이 높은 사람으로 알려졌는데, 소년배들에게 욕을 당하자 통문으로 유생 39명을 모이게 하여 "잡것들의 소굴을 돌려 달라"고 관에 호소했다.

이에 제주목사는 "적거인은 마땅히 두문하여야 함에도 무리를 모아 일본어를 가르치면서 사단을 일으키고 있다"며 "사마재는 유림에게 돌려주고, 학도들은 해산하라. 때리고 욕을 한 사람은 잡아 가두고 엄히 징계하라"고 명했다.[45]

사마재터 표지석

이 사건은 당시 구한말 제주에도 일본어 강습이 이루어졌으며, 많은 소년들은 물론 유배객들까지 새로운 문물에 접하려는 의식이 강했으나, 한편으로는 일본에 대한 경계심과 배일 감정이 사회 저변에 깔려 있었음을 보여주고 있다. 또한 1898년 제주도에 종신 유배되어 있던 이세직이 제주도를 도망쳐서 서울로 올라온 후 궁내부대신 이재각과 결탁하여 일본자본가에게 13건의 국가이권을 매각하는 등 친일 행각에 앞장 선 사실이 밝혀지며 장형 100대를 맞고 추자도로 종신 유배되었다.

박영효 朴泳孝_ 1861 ~ 1939

제주유배
1907년(고종 44)

  박영효는 12세 때 박규수의 천거로 철종의 딸 영혜옹주와
결혼하여 부마가 되어 금릉위(錦陵尉)의 작위를 받았다. 하지
만 영혜옹주가 결혼 석달이 채 되지 못해 사망하고 말았다.
박규수의 영향으로 개화사상을 접하게 되었으며 유대치, 김
옥균, 홍영식, 서광범 등 개화파들과 교류했다. 유교사상을
부정하고 평등과 민권사상 등 정치적 혁신을 주창하며, 급진
적 개화사상가가 되었다. 특히 박영효는 일본의 세력을 이용
하여 청나라의 간섭과 러시아의 침투를 억제하는 데 주력했
다.

  1882년(고종 19) 임오군란을 수습하기 위해 일본으로 파견
되는 수신사 대표에 임명되어 민영익, 김옥균 등과 일본을
시찰하고 돌아와 개혁을 시도했지만 민씨 세력의 견제를 받
았으며 민씨 척족과 수구파 세력이 집권하자 그와 개화파는

정치적 어려움을 겪게 되었다. 이에 개화당 요인들과 협의, 1884년 10월 17일 갑신정변을 일으켜 수구파를 제거하고 정권을 장악하였다.

신내각이 조직될 때 군사와 경찰의 실권을 장악했으나 삼일천하로 그쳐, 역적으로 몰려 일본으로 망명하였다. 1885년 서재필, 서광범과 함께 도미했다가 다시 일본으로 돌아와 야마자키(山崎永春)로 개명하고 메이지학원에 입학, 영어를 배우고, 유학생들의 기숙사로서 친린의숙(親隣義塾)을 경영하다가 1894년 갑오개혁으로 사면되어 귀국, 제2차 김홍집 내각에서 연립정부를 수립하기에 이르렀다. 박영효는 일본의 힘을 빌어 정계에 복귀하였지만 이후 일본에 역이용 되었다.

박영효는 내무대신으로 있으면서 자주적 개혁을 꾀하였으나 1895년 반역음모사건으로 재차 일본에 망명했다. 1907년 약 13년 간의 오랜 망명생활 끝에 다시 귀국, 이완용 내각의 궁내부대신에 임명되었다가 고종의 양위에 앞장선 대신들을 암살하려 하였다는 혐의를 받아 1년간 제주도에 유배된다.

제주도에서 박영효는 근대학교 개교에 결정적인 역할을 한다. 윤원구(尹元求) 제주군수는 1907년 4월 사립의신학교를 개설하기 위해 일종의 도민결의대회를 통해 설립자금을 마련하고자 한다. 이때 군수가 직접 1백원을 희사하자 박영효도 똑같이 1백원을 희사함으로써 사립의신학교의 개교에 결정적인 공헌을 했다.

윤원구는 1906년 8월 제주군수로 부임하면서 가장 먼저 근대학교의 개설을 서둘렀다. 이를 위해 우선 그는 1907년 4월, 귤림서원의 자리에 중등교육기관인 사립 제주의신학교를 개설하였고, 같은 해 5월에는 연이어 초등교육기관인 제주공립보통학교를 설립하였다.[46] 학생 모집을 위해 관덕정에서 백일장을 열어 선발된 연장자들은 의신학교에, 연소자들은 제주공립보통학교에 입학시키는 방법을 취했다.

그러나 윤원구 군수가 10월에 작성한「사립 제주의신학교비 기본금 연의문(捐義文)」을 볼 때 "이로써 사립학교를 설립하고자 하여 더욱 힘썼으나 드는 경비가 커서 일이 쉽지 않았다"고 토로했듯이 의신학교 설립 경비가 만만치 않았던 모양이다. 그래서 "이에 유지들과 더불어 밤낮 의논하여 한 군의 유림과 신사들로 일단을 이루어 일금 4원씩을 각기 출연[47]"하기로 함으로써 온 군민들의 기부금으로 설립기본금을 마련하는 방안을 모색하였다. 여기에 박영효가 100원을 희사했던 것이며 이로써 학교설립자금 마

사립 제주의신학교비 기본금 연의문

신성여학교 라쿠르신부 송별기념 / 사진으로 본 신성100년

련에 기폭제가 되었다.

　박영효의 또 다른 큰 업적은 라크루 신부(Lacrouts, 具瑪瑟)
에 큰 도움을 줌으로써 제주도 최초의 근대여학교인 신성여
학교 개교에 큰 기여를 한다는 사실이다. 라크루 신부는 박
영효의 도움에 대해 뮈뗄 주교에게 보내는 1909년 9월 5일 편
지에 "관대한 한 분의 자발적인 협력 덕분에 제주에 여학교
설립의 가능성은 더 이상 공상이 아닙니다." 하였다.

그런가하면 1909년 뮈뗄 주교의 보고서에서도 "제주부에 있는 라크루 신부는 여학교 하나를 얼마 전에 설립하였습니다. 이 일에서 라크루 신부는 부유하고 영향력이 있으며 그 같은 일에 희사를 아끼지 않는 한 비(非)신자의 도움을 받았는데 그는 정사에 진저리가 나서 스스로 이 섬에 은퇴하여 자기 나름대로 선한 일을 하고 있으니, 그는 바로 선왕(즉 철종)의 사위이고 전 영의정이었습니다."라고 하여 박영효의 도움으로 제주도 여학교 설립 작업이 본격화되었음을 보고하고 있다.

그런가하면 1910년 향사당 서쪽에 제주도 개신교 최초의 교회인 성내교회가 세워지게 되었다. 이 교회는 중인문 부근에서 목회활동을 하던 이기풍 목사가 박영효의 도움으로 출신청사를 매입하여 설립할 수 있었다. 이기풍 목사는 최초의 예배당으로 성내 일도리 중인문 안에 6칸의 초가집 두 채를 구입한다. 두 번째는 1910년 옛 훈련청인 출신청사를 구입해 옮겼다. 박영효는 이기풍 목사의 선교 활동을 지켜보다가 교회 확장을 위해 100원을 헌금했는데 이것이 계기가 되어 교인들이 자발적으로 건축헌금을 함으로써 가능했다. 아울러 성내교회 부설로 영흥학교도 설립되는 계기가 된다.

이로써 신성여학교와 의신학교의 개교는 물론 성내교회의 건립과 그로인한 영흥학교의 개설에도 큰 역할을 함으로써 박영효는 근대제주교육과 제주문화의 개화에 결정적인 공헌을 하였음을 알 수 있다.

제주성내교회

박영효는 급진개화파의 한 사람으로 일본 근대화 사상의
원조인 후쿠자와 유기치(福澤諭吉)의 사학육성과 사학중립론
을 영향받고 "소·중학교를 설치하여 6세 이상 남녀로 하여
금 모두 취교(就校) 수학(受學)케 할 것을" 주장한 바 있는 인물

이었기 때문에 학교를 설립하려는 라쿠르 신부에게 기꺼이 도움을 줄 수 있었던 것이다.

라쿠르 신부의 입장에서 본다면 박영효는 학교 설립의 의지를 실현시켜 준 사람이며 박영효의 입장에서 본다면 라쿠르 신부는 자신의 교육계몽주의 사상을 실천하게 해 준 사람이었기 때문에 피차가 실리와 명분을 교환한 셈이라고 할 수 있다.

김윤식이 주도했던 시회 활동에도 참여하고 박영효와도 교분을 맺었던 제주도 사람 최원순은 그의 딸 최정숙을 신성여학교에 입학시키고 부인을 천주교에 입교시킨다. 최정숙은 신성여학교를 1회로 졸업하고 3·1운동 때에는 옥고를 치렀으며 신성여학교가 폐교되자 제주도 여성교육기관의 중흥을 목적으로 여수원(女修園)을 창설하는가 하면 해방 후에는 초대 교육감으로 봉직하는 등 제주도 교육의 산증인이었다.

박영효의 제주 유배생활에서 주목을 끄는 활동은 원예농사이다. 제주도는 전체 경지면적 중에서 간전이 차지하는 비중이 절대적이었던 지역으로 대맥과 조가 대표적인 작물이었다. 그런데 박영효는 제주도가 온난하고 강수량이 많은 기후 풍토 등을 고려하여 일반농사보다는 특수원예농업이 적합하리라는 판단 아래 여러 가지 과수를 심고 원예작물을 재배하였다. 이는 20여년의 일본 망명생활에서 보고 듣고 깨닫고 안 결과였다.

신성여학교 / 사진으로 본 신성100년

　감귤류를 비롯하여 감, 비파, 대추, 석류 등 과수와 양배추, 양파, 토마토, 무, 당근 등 여러 가지 작물을 재배했는데 더러 실패하는 것도 있었지만 대체로 성공률이 높은 편이었다. 박영효는 재배에 성공한 작물에 대해서는 제주도 사람들에게 적극 권장하여 심도록 했으며 아울러 식생활의 개선도 강조했는데 이는 실생활과 관련된 가르침이었다.

　박영효의 이러한 활동은 아직 농촌개혁운동 차원까지는 이르지 않은 것이지만 원예작물의 권장을 통하여 제주도 전통사회의 농업구조를 자극했다는 측면에서 괄목할 만한 일이었다. 고립성과 특수한 자연적 조건에 기인한 제주도 농업의 전통적 모습이 박영효의 권장으로 원예작물이 공존하는 이원적 구조를 이루게 되었다는 사실은 제주도 농업사에 큰 변화라 하지 않을 수 없다.

이 같은 맥락에서 박영효의 활동은 농촌계몽운동적인 성격을 띠었다고 볼 수 있다. 농촌계몽운동은 교육의 역사적 측면에서 볼 때 사회교육의 고전적 양식 가운데 하나로서 특히 사회개량 교육개혁운동의 주요한 흐름이었다. 즉 박영효는 유배 기간 동안에 농촌개량주의적인 개화교학활동을 하였던 것이다.

물론 제주도 사람들에 대한 계도는 원예농사에 국한되지 않고 국운과 국제정세 등의 시국관은 물론 근대사상의 강론에 이르기까지 다양했다. 이에 공명하여 박영효의 주변에는 많은 제주도 사람들이 모여들어 학문적인 질의와 토론을 나누었다.

박영효는 그 외에도 제주도 청소년들을 상대로 신학문을 소개하였으며 고자환을 양자로 삼아 교육을 시키기도 했다. 김윤식에 비해 박영효는 당대의 정치적 비중 덕에 여러 모로 개화교학활동이 활발할 수 있었는데 이런 영향은 제주도 사람들에게 개화에 대한 이해의 새로운 지평을 열어 주었다.

이승훈 李昇薰_ 1864 ~1930

제주유배
1911년

민족대표 33인 중 기독교 대표이자 독립운동가이며 교육
자인 이승훈.

1910년 12월 데라우찌(寺內) 총독이 압록강 철교 시공식에
참석하는 것을 기회로 그를 암살하기로 했던 안명근이 체포
됨으로써 이를 구실로 600여명에 가까운 사람들이 검거되고
1912년 대표적인 인물 105명이 기소되는데 이를 두고 105인
사건이라고 한다. 이들 대부분이 신민회 회원들이었고 이 사
건으로 결국 신민회는 해체된다.

도산 안창호의 독립협회 활동에 큰 감명을 받고 정주에 오
산학교(五山學校)를 설립하여 민족교육과 민족독립에 일생을
바치고자 했던 남강 이승훈도 1911년 5월 신민회 사건으로
제주도에 유배되었다가 9월 총독암살 모의사건을 조작, 신민
회 간부를 중심으로 105인을 체포할 때 서울로 송치되어 4년

2개월 동안 옥고를 겪는다.

민족교육의 산 증인이었던 이승훈의 제주도 유배 4개월은 3개월만을 머물렀음에도 적잖은 영향을 끼쳤던 송시열의 경우와 마찬가지로 당대 제주도 사람들에게는 큰 감명이었을 것이다. 제주도에 있는 동안 이승훈의 생각은 역시 민족운동과 개화주의에서 잠시도 떠나지 않았다.

그는 비슷한 시기에 유배를 온 박영효와도 교류를 하였고 조천에서 제주읍으로 나아가 성내교회에 출석하면서 교회 부설이었던 영흥학교의 교육활동에도 관여하였다. 영흥학교는 1917년 현재 제주시 삼도2동의 성내교회에 설립되었던 4년제 어린이 야간 강습소였다. 설립자 윤함애(尹咸愛)는 평양 숭의여학교 제1회 졸업생으로서 이기풍(李基豊) 목사와 결혼하여 1908년에 부부가 함께 제주도로 들어왔다. 제주에 도착하여 삼도2동 서문통 근처에 성내교회를 세우고 부설로 영흥학교를 열었다. 1917년 어린이가 10명이 되자 4년제의 영흥학교 설립 인가를 받았다.

남녀 아동 10여 명을 모아 초등교육을 실시하였으며 교사로 조봉호, 좌징수, 김동선, 김세라, 강규언, 홍마대, 홍마리아 등이 활동했다. 여자 어린이의 기초 교육과 기독교 선교에 중점을 두었다. 1910년 교회에 여자 어린이 3~4명을 수용하여 윤함애가 직접 가르쳤다.

이때 이승훈은 제주도에서 기독교 사상과 신교육, 새로운 하는不安恐怖로서脫出케하는것이며또東洋平和로重要한一部를삼는世界平和人類幸福에必要한階段이되게하는것이라이엇지區區한感情上問題ㅣ리오

아아新天地가眼前에展開되도다威力의時代가去하고道義의時代가來하도다過去全世紀에鍊磨長養된人道的精神이바야흐로新文明의曙光을人類의歷史에投射하기始하도다新春이世界에來하야萬物의回蘇를催促하는도다凍氷寒雪에呼吸을閉蟄한것이彼一時의勢ㅣ라하면和風暖陽에氣脈을振舒함은此一時의勢ㅣ니天地의復運에際하고世界의變潮를乘한吾人은아모躕躇할것업스며아모忌憚할것업도다我의固有한自由權을護全하야生旺의樂을飽享할것이며我의自足한獨創力을發揮하야春滿한大界에民族的精華를結紐할지로다

吾等이玆에奮起하도다良心이我와同存하며眞理가我와幷進하는도다男女老少업시陰鬱한古巢로서活潑히起來하야萬彙群象으로더부러欣快한復活을成遂하게되도다千百世祖靈이吾等을陰佑하며全世界氣運이吾等을外護하나니着手가곳成功이라다만前頭의光明으로驀進할따름인뎌

公約三章

一、今日吾人의此擧는正義、人道、生存、尊榮을爲하는民族的要求ㅣ니오즉自由的精神을發揮할것이오決코排他的感情으로逸走하지말라

一、最後의一人까지最後의一刻까지民族의正當한意思를快히發表하라

一、一切의行動은가장秩序를尊重하야吾人의主張과態度로하야금어대까지던지光明正大하게하라

朝鮮建國四千二百五十二年三月　日

朝鮮民族代表

孫秉熙	吉善宙	李弼柱	白龍城	金完圭
金秉祚	金昌俊	權東鎭	權秉悳	羅仁協
羅龍煥	梁甸伯	梁漢默	劉如大	李甲成
李明龍	李昇薰	李鍾勳	李鍾一	林禮煥
朴熙道	朴東完	申洪植	申錫九	
朴準承	吳世昌	吳華英	鄭春洙	崔聖模
韓龍雲	洪秉箕	洪基兆		崔麟

宣言書

吾等은 玆에 我鮮朝의 獨立國임과 朝鮮人의 自主民임을 宣言하노라 此로써 世界萬邦에 告하야 人類平等의 大義를 克明하며 此로써 子孫萬代에 誥하야 民族自存의 正權을 永有케 하노라

半萬年 歷史의 權威를 仗하야 此를 宣言함이며 二千萬民衆의 誠忠을 合하야 此를 佈明함이며 民族의 恒久如一한 自由發展을 爲하야 此를 主張함이며 人類的 良心의 發露에 基因한 世界改造의 大機運에 順應幷進하기 爲하야 此를 提起함이니 是ㅣ天의 明命이며 時代의 大勢ㅣ며 全人類共存同生權의 正當한 發動이라 天下何物이던지 此를 沮止抑制치 못할지니라

舊時代의 遺物인 侵略主義 强權主義의 犧牲을 作하야 有史以來 累千年에 처음으로 異民族 箝制의 痛苦를 嘗한지 今에 十年을 過한지라 我生存權의 剝喪됨이 무릇 幾何ㅣ며 心靈上發展의 障礙됨이 무릇 幾何ㅣ며 民族的 尊榮의 毀損됨이 무릇 幾何ㅣ며 新銳와 獨創으로써 世界文化의 大潮流에 寄與補裨할 機緣을 遺失함이 무릇 幾何ㅣ뇨

噫라 舊來의 抑鬱을 宣暢하려 하면 時下의 苦痛을 擺脫하려 하면 將來의 脅威를 芟除하려 하면 民族的 良心과 國家的 廉義의 壓縮銷殘을 興奮伸張하려 하면 各個人格의 正當한 發達을 遂하려 하면 可憐한 子弟에게 苦恥的 財産을 遺與치 아니하려 하면 子子孫孫의 永久完全한 慶福을 導迎하려 하면 最大急務가 民族的 獨立을 確實케 함이니 二千萬 各個가 人마다 方寸의 刃을 懷하고 人類通性과 時代良心이 正義의 軍과 人道의 干戈로써 護援하는 今日 吾人은 進하야 取하매 何强을 挫치 못하랴 退하야 作하매 何志를 展치 못하랴

丙子修好條規 以來 時時種種의 金石盟約을 食하얏다 하야 日本의 無信을 罪하려 안이하노라 學者는 講壇에서 政治家는 實際에서 我祖宗世業을 植民地視하고 我文化民族을 土昧人遇하야 한갓 征服者의 快를 貪할 뿐이오 我의 久遠한 社會基礎와 卓犖한 民族心理를 無視한다 하야 日本의 少義함을 責하려 안이 하노라 自己를 策勵하기에 急한 吾人은 他의 怨尤를 暇치 못하노라 現在를 綢繆하기에 急한 吾人은 宿昔의 懲辨을 暇치 못하노라 今日 吾人의 所任은 다만 自己의 建設이 有할 뿐이오 決코 他의 破壞에 在치 안이하도다 嚴肅한 良心의 命令으로써 自家의 新運命을 開拓함이오 決코 舊怨과 一時的 感情으로써 他를 嫉逐排斥함이 안이로다 舊思想 舊勢力에 羈縻된 日本爲政家의 功名的 犧牲이 된 不自然 又 不合理한 錯誤狀態를 改善匡正하야 自然 又 合理한 正經大原으로 歸還케 함이로다 當初에 民族的 要求로서 出치 안이한 兩國倂合의 結果가 畢竟 姑息的 威壓과 差別的 不平과 統計數字上 虛飾의 下에서 利害相反한 兩民族間에 永遠히 和同할 수 업는 怨溝를 去益深造하는 今來實績을 觀하라 勇明果敢으로써 舊誤를 廓正하고 眞正한 理解와 同情에 基本한 友好的 新局面을 打開함이 彼此間 遠禍召福하는 捷徑임을

정신을 영흥학교 교사들과 주민들에게 전하며 교육과 문화 사업에 신경을 썼다. 전국의 사립학교가 1910년에서 4년 동안 1973개교에서 1242개교로 3분의 2로 축소되었던 반면 유독 제주도에서만은 11개교에서 24개교로 늘어났는데 이는 이승훈의 영향과 결코 무관하지 않다.

개인적으로 그는 아침에 일어나는 대로 손수 비를 들고 안뜰과 거리를 깨끗하게 쓸어 주변 동네 사람들의 주목을 끌었다. 그는 어린아이들의 코를 닦아주고 옷고름도 매어 주었다. 이 일로 하여 어린아이들의 부모와도 알게 되었는데 그들에게는 부지런히 일하는 것과 어려운 일이 있을 때 서로 돕는 것이 나라를 위하는 일이 된다고 설파하였다. 한달 뒤에 그는 동네 청년들을 모아서 우물을 깨끗이 치우기까지 하였다. 그가 온 이후로 동네가 확실히 깨끗해졌고 싸움이 없어졌으며 교회에 나오는 사람들의 수효가 늘었다고 한다.

J.W.괴테의 "각자가 자기의 문 앞을 쓸어라. 그러면 거리의 온 구석이 청결해진다. 각자 자기의 과제를 다하여라. 그러면 사회는 할 일이 없어진다."는 경구가 생각나는 대목이다. 이런 면에서 뿐만 아니라 이승훈은 제주도 유배의 마지막 인물로 기록될 수 있는 사람이라는 점에서 또한 의미가 깊다.

또한 선생은 영면 직전 평소에 늘 하던 대로, "내 뼈는 학교에 표본으로 만들어 보관하여 학생들에게 보여주고, 교육에 진력하는 사람들에게도 보여 주기를 원한다"고 하는 유언을 남겼다. 이로 보아 선생은 살아서든 죽어서든 겨레의 스승이었다. 살아서는 독립운동가로 조국 광복과 민족 독립을 위해 혼신의 힘을 쏟았고, 죽은 뒤에는 자신의 유골까지도 표본으로 만들어 학생들의 학습에 이용하라고 한 것이다. 대한민국 정부에서는 선생의 공훈을 기리어 1962년 건국훈장 대한민국장을 추서하였다.

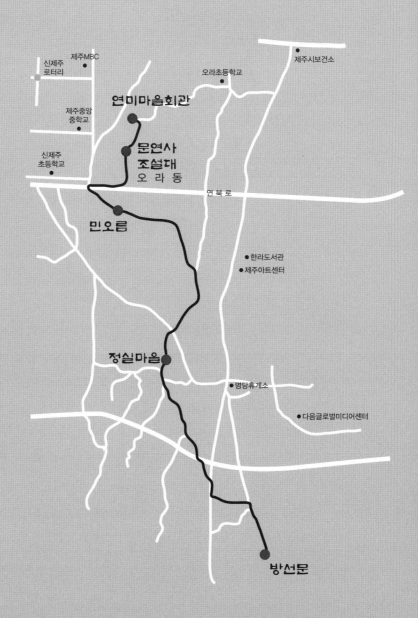

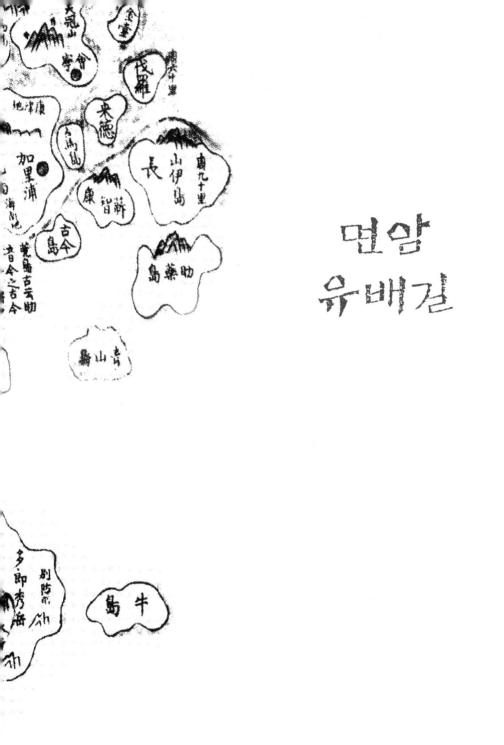

면암
유배길

조각 돛을 바람에 맡기고
제주도로 가다

조선 선비의 마지막 자존심

조선말기의 역사적 격변을 앞장서서 부딪쳤던 대표적 지식인.

조선말기를 대표하는 올곧은 의병장.

나라와 민족을 지키려 했던 조선 선비의 마지막 자존심.

우리는 면암(勉菴) 최익현(崔益鉉, 1833-1906) 선생을 이렇게 알고 있다.

결코 틀린 말이 아니다.

그렇다면 그는 어떤 계기로 그런 삶을 살았던 것일까?

적지 쓰시마섬(對馬島)에서 순국하기 까지 74년의 파란만장했던 삶.

우리는 이 기간 가운데 다른 무엇보다 그의 제주도 유배생

勉菴崔先生七十四歲像

毛冠本

활을 특별히 기억해둘 필요가 있을 것 같다. 왜냐하면 그의 삶이 41세 때의 제주도 유배를 전후로 크게 양분되기 때문이다.

그 전과 그 후의 삶이 판이하게 달랐다는 말이다.

대체 1년 3개월의 제주도 유배생활은 그의 생에 어떤 영향을 주었던 것일까? 어떤 영향을 주었기에 인생의 전환이 그토록 극명하게 가능했던 것일까?

이제부터 그 이유와 내용을 찬찬히 들여다보기로 하자.

최익현.

그의 본관은 경주요 자는 찬겸(贊謙)이고 호는 면암이다.

경기도 포천 출신으로 대(岱)의 아들이다. 자식을 가르치려는 일념이 대단했던 부친 덕분에 그는 일찍부터 김기현(金琦鉉)의 문하에서 공부를 하였다.

역시 부친의 권유로 14세 때 경기도 벽계에 은퇴해 있는 거두 화서(華西) 이항로(李恒老: 1792~1868)의 문하에서 『격몽요결(擊蒙要訣)』, 『대학장구(大學章句)』, 『논어집주(論語集註)』 등을 통해 성리학의 기본을 배웠다. 이때의 만남을 그는 다음과 같이 기록하고 있다.

> 처음 내가 책을 끼고 찾아갔을 때 나의 불초함을 관계하지
> 아니하고 외람되게도 극진히 아끼어 먼저 이이 선생의 『격
> 몽요결』 등의 책을 가르쳐 주었는데 '입지장(立志章)'에 대해
> 서는 더욱 뜻을 다하여 가르쳤으며, 또 손수 낙경민직(洛敬

直) 네 글자를 크게 써 주었다.[48]

이 과정에서 스승 화서의 '애군여부 우국여가(愛君如父 憂國如家)'의 정신, 즉 애국과 호국의 정신을 배우게 된다. 이로써 면암은 화서학파(華西學派)의 중요한 일원이 된다.

그는 1855년(철종6) 명경과에 급제해 승문원부정자로 관직 생활을 시작하게 된다. 명경과에 급제하자 그는 스승을 찾아 갔으며, 스승은 모름지기 글을 읽고 학업을 부지런히 하라는 당부를 잊지 않는다.

> 내가 처음 벼슬길에 올라 노선생을 삼포강으로 찾아가 뵈 었는데, 처음 가르쳐 주기를, "그대가 명경과로 고과에 급제 하여 선비의 신분이 바뀌어 조사(朝士)가 되었으니, 이는 바 로 명을 옮긴 것이다. 이로부터 재상에 이르는 것도 예삿일 이니, 모름지기 글을 읽고 학업을 부지런히 하여 후일의 수 용에 대비하여야 한다. 다만 타인의 유혹과 협박을 받아 일 을 가볍게 여겨 논박하는 것은 절대로 삼가라." 하였다.[49]

어려운 시험에 합격하여 관직 생활을 시작하게 된 면암에 게 부친 역시 "신하가 되어서 말을 해야 할 경우를 당했거나 말을 해야 할 일이 있는데도 말하기를 머뭇거리고 침묵을 지 키면서 녹만 받는다면 매우 부끄러운 일이다.[50]"라는 가르침 을 잊지 않는다.

보건대 스승이나 부친이나 가르침이 엄격하다. 이 때문인지 면암은 평소 "오직 이 두 가지 교훈이 마음 속에 언제나 있어 한번 하찮은 정성이나마 베풀어 조그마한 성의라도 바치려 하였다."고 했다. 스승과 부친에 대한 외경심이 대단하다.

면암은 이후 순강원수봉관을 필두로 여러 관직을 두루 역임하고 1870년(고종7)에 승정원동부승지를 지냈다. 특히 수봉관, 지방관, 언관으로 재직할 때 불의와 부정을 척결해 강직성을 발휘하였다.

1868년(고종5)에 올린 최초의 상소에서는 경복궁 재건을 위한 대원군의 실정을 비판하고 시정을 건의하였다. 애초 이 상소는 1866년에 올릴 계획이었으나 어머니가 병환 중에 타계함으로 2년 늦춰져 1868년에 이루어졌다. 이 상소는 그의 강직성과 우국애민정신의 발로이며 막혔던 언로를 연 계기가 되었다.

상소란 원칙적으로 모든 사람에게 개방되었으나 재야유림들이 가장 많이 활용한 방법이자 문서를 통한 하의상달 방식으로서는 가장 대표적인 것이었다. 상소의 언로는 왕에게 직결되지 못하고 반드시 승정원을 거쳐야 하며 승정원에서는 그 내용이나 형식에 관하여 일단 사전 검토를 한 다음에야 국왕에게의 등철(登徹)여부를 결정하게 된다. 등철된 상소에 대하여 국왕은 비답(批答)으로써 회담하게 되어 있었다. 즉 상소는 원칙적으로 등철되어야 하며 등철한 상소는 반드시 왕이 비답해야 할 의무가 있었다. 명실공히 상소는 개인의 언로로서는 가장 중심이 되는 수단이었다.

41세이던 1873년(고종10) 계유년 10월16일에 올린 「계유상소(癸酉上疏)」는 1871년 신미양요를 승리로 이끈 대원군이 그 위세를 몰아 만동묘(萬東廟)를 비롯한 서원 철폐를 대거 단행하자 그 시정을 건의한 상소다. 이 상소를 계기로 대원군의 10년 집권이 무너지고 고종이 직접 정사를 돌보기 시작하였다.

이후 고종의 신임을 받아 호조참판에 제수된 면암은 누적된 문제를 바로잡으려 했다. 그러나 이에 반발한 권신들은 오히려 면암이 부자 사이를 이간 시킨 장본인이라고 탄핵을 하였다. 이에 면암은 11월 3일 다시 「사호조참판겸진소회소(辭戶曹參判兼陳所懷疏)」를 올려 민씨 일족을 비난한다. 그러나 상소의 내용이 과격하고 방자하다는 이유로 1873년 11월 10일 제주도 유배형을 받게 된다. 이때 분위기를 그는 다음과 같이 전하고 있다.

어리석은 소자가 외람되게 녹을 먹게 되어, 한 자 되는 소장에 진심을 털어놓되 화복은 가리지 않았습니다. 상소문이 대궐에 오르니, 오랏줄에 묶여 문초를 받았고, 갖은 형구가 목숨을 노리고 있었으나 바다 밖으로 귀양 가는 성은을 입었습니다. 이는 시련을 주어 저의 부족한 점을 보충한 것이니, 이는 은혜이지 꾸지람은 아니었으나, 3년 동안 담장에 갇혀서 일월을 못 보았습니다.[51]

그는 1년 3개월 간의 제주도 유배생활을 계기로 관직생활을 청산하고 우국애민을 위한 실천적인 길을 택하게 된다. 그의 제주유배생활을 주목하는 이유가 바로 이 때문이다. 면암에게 있어 관직생활과 우국애민을 위한 실천생활을 구분하는 분수령이 바로 제주도 유배였던 것이다.

우국애민의 첫 시도로서 1876년 「병자지부복궐소(丙子持斧伏闕疏)」를 올려 일본과 맺은 병자수호조약을 결사반대하였다. 이 상소로 흑산도로 다시 유배되었으나 그 신념과 신조는 꺾이지 않았다.

그런데 이해할 수 없는 것은 유배에서 풀려난 뒤 면암이 1895년(고종 32) 을미사변이 일어날 때까지 약 20년 동안은 침묵을 지켰다는 사실이다. 이 시기는 일본과의 개국 이래 임오군란, 갑신정변, 동학운동, 청일전쟁 등이 연이어 일어나 국내·외 정세가 복잡했던 때였다. 특히 1881년(고종 18)에 신사척사운동이 일어나면서 위정척사사상이 고조되고 있을 때 그가 침묵을 지켰다는 것은 이해하기 어렵다.

그러나 일본의 침략이라는 역사적 위기상황 속에서 성리학과 성리학적 질서를 수호하고(衛正), 성리학 이외의 모든 종교와 사상을 사학(邪學)으로 보아서 배격하는(斥邪) 그의 위정척사사상(衛正斥邪思想)은 항일투쟁의 지도이념으로 성숙하였다. 이것은 그의 위정척사사상이 고루하거나 보수적이지 않음을 보여준다. 또, 항일정치투쟁방법도 이제까지의 상소라는 언론 수단에 의한 개인적, 평화적인 방법이 아닌 집단적, 무력적인 방법으로 바뀌었다.

동시에 위정척사사상도 배외적인 국수주의로부터 민족의 자주의식을 바탕으로 한 자각된 민족주의로 심화되었다. 이러한 그의 항일구국이념은 1895년 을미사변의 발발과 단발령의 단행을 계기로 폭발하였다. 그는 오랜만의 침묵을 깨고 「청토역복의제소(請討逆復衣制疏)」를 올려 항일척사운동에 앞장섰다. 이 때 여러 해에 걸쳐 고종으로부터 호조판서, 각부군선유대원(各府郡宣諭大員), 경기도관찰사 등 요직에 부름에 받았으나 사퇴하고 오로지 시폐의 시정과 일본을 배격할 것을 상소하였다.

1905년(고종 42) 을사조약이 체결되자 곧바로 「청토오적소(請討五賊疏)」와 재소를 올려서 조약의 무효를 국내·외에 선포하고 망국조약에 참여한 박제순 등 오적을 처단할 것을 주장하였다. 이 사건을 계기로 위정척사운동은 집단적·무력적인 항일의병운동으로 전환하였다.

1906년 윤 4월 전라북도 태안에서 궐기하였다. 「창의토적소(倡義討賊疏)」를 올려 의거의 심정을 피력하고 궐기를 촉구하는 「포고팔도사민(布告八道士民)」을 돌리고 일본 정부에 대한 문죄서 「기일본정부(寄日本政府)」를 발표하였다. 74세의 고령으로 의병을 일으켜 최후로 충성을 다해 나라를 구하고자 했으나 뜻을 이루지 못하고 일본 쓰시마섬(對馬島) 감옥에서 순국하였다.

그의 우국애민의 정신과 위정척사사상은 한말의 항일의병운동과 일제강점기의 민족운동·독립운동의 지도이념으로 계승되었다. 위정척사운동에 비해 그의 학문은 큰 업적을 남기지는 못하였다.

그는 성리학에 기본을 둔 스승 화서의 학문을 이어받았으나 이기론과 같은 형이상학보다는 애국의 실천 도덕과 전통 질서를 수호하는 명분론에 더 큰 관심을 가지고 있었다. 그의 이기론은 스승의 심전설(心專說)을 계승했을 뿐이다.

그러나 그의 사상과 이념은 역사적 현실에 바탕을 둔 실천성을 지니고 있었기 때문에 구국애국 사상으로, 민족주의 사상으로 승화, 발전할 수 있었다. 여기에 위정척사사상의 역사적 역할과 의의가 있는 것이다.

최익현의 학우관계는 화서 문하에서 동문수학한 이준, 임규직, 김평묵, 박경수, 유중교 등으로 비교적 단순한 편이었다. 저서는 『면암집』 40권, 속집 4권, 부록 4권이 있다.

1962년 건국훈장 대한민국장이 추서되었다. 최익현의 대의비인 춘추대의비(春秋大義碑)가 현재 충청남도 예산군 광시면 관음리에 있다. 제향은 충청남도 청양군 목면 농암리에 소재한 모덕사(慕德祠)와 포천, 해주, 고창, 곡성, 순화, 무안, 함평, 광산, 구례 등에서 봉향되고 있다.

제주도로 유배가게 된 사정

화서학파에 속하는 인물들 대부분이 이 시대 속에서 도학 정신을 가장 격렬하게 발휘하였지만 특히 면암은 그 가운데서도 가장 뚜렷하게 시대의식으로 구현하는 모범을 보여준 사람이다. 면암은 대원군의 정책에 대해 도학적 의리론에 따라 비판하는 상소를 올리면서 큰 파문을 일으킴에 따라 1년 3개월 동안 제주도에 유배를 당한다.

19세기 말 조선은 서양과 일본의 제국주의적 침략 세력이 잇달아 밀어닥치면서 사회체제가 전반적으로 붕괴되고 국가 존립이 위협받는 대 파국의 국면을 맞고 있었다. 이러한 한말의 위기 상황 가운데 유교이념으로 지탱되던 조선정부와 그 유교이념을 담당하던 유교 지식인들 사이에서는 괴리가 생기기 시작하였다.

사회통제력을 급격하게 상실하던 조선정부는 이런 상황을 만회하기 위해서 외세와 타협하는 현실적인 방향으로 태도를 바꾸어 개항을 하고 개화정책을 추진하였다. 이러한 한말의 역사적 변동 상황에 대응하기 위해서, 도학적 신념으로 무장한 유교 지식인들은 정부 정책에 대한 비판과 저항을 다양한 문제의식과 실천태도를 통해 제시하여 한말 도학이라는 새로운 사상적 조류를 형성한다.

이러한 한말 도학의 시대정신을 전면에서 가장 적극적으로 구현하였던 지식인들이 바로 화서학파였다. 이들은 바깥으로는 위정척사의 의리론을 내세워서 이질적 문물의 침투에 따른 사회변동에 저항하였고 안으로는 더욱 확고한 신념의 기반 위에 정립하기 위해서 심주리론(心主理論)의 성리설을 새로운 논리로 제기하였다.

이러한 화서학파의 입장을 확고하게 계승하고 있는 사람이 곧 면암 최익현이다. 면암은 화서학파의 개산조인 이항로의 문인 가운데서 가장 높은 벼슬에 올랐던 인물로서 그만큼 정치적 역할과 영향력도 컸던 인물이다.

그는 41세이던 1873년(고종 10) 11월 3일 소위 「사호조참판겸진소회소」라고 불리는 호조참판을 사직하는 상소에서 황묘의 철거는 군신의 윤리가 무너진 것이며, 서원의 혁파는 사제간의 의리가 끊어진 것이요, 귀신이 출후하는 것은 부자간의 윤기가 문란해진 것이라 하여 대원군의 개혁정책을 정면으로 비판하였다. 나아가 대원군이 정치에 간여하지 못하도록 요구하였다가 11월 10일 제주도 유배형을 받게 된다.

이 상소가 올라가자 조정은 발칵 뒤집히고 면암을 잡아들이게 되며 이때 분위기를 다음과 같이 전하고 있다.

과연 물의가 물 끓듯 하여 삼상(三相)이 청대(請對)하였고, 대각(臺閣)이 일제히 일어나서 기필코 형벌을 주려고 포승줄로 묶고 포청과 금부에서 매우 위협하기까지 하였다. 남간방의 제도는 네 벽에 창이 없고 오직 북쪽으로 한 구석에 두

어 자쯤 되는 판자문을 달고 문밖에는 요령 10여 개를 달아
놓아 서로 부딪쳐 소리가 나게 하여 바깥의 말소리가 들리
지 않게 하였다. 죄인을 지키는 데는 큰칼을 씌우고 손에는
수갑을 채우고 발에는 차꼬를 채웠다.[52]

면암은 11월 6일 체포되어 8일 금부에 갇힌다. 그날 밤 삼
경에 국청(鞫廳)이 열렸다. 국청이란 나라의 큰 죄인을 신문하
기 위해 왕명으로 설치한 임시관청으로 김정희(金正喜: 1786~
1856)는 여기서 6차례에 걸친 혹독한 고문을 당하고 36대의 곤
장을 맞고는 망신창이 몸으로 죽음 직전에 겨우 풀려나 제주
도로 유배된다. 그러나 정작 면암은 국청에서 큰 시련을 겪
지 않는다. "얼마 후 국청에 나아가 심문을 받았는데, 평범한
질문을 한 차례 묻고 바로 다시 가두었으며 그 다음날은 심
문을 철회하였다."고 했을 만큼 형식적이었다. 당대 여론이
오히려 면암의 편이었기 때문에 이에 대한 조정의 고민이 컸
음을 반증한다.

마침내 한강을 건너

면암의 제주도 유배는 1873년 11월 13일 금부낭청 이원의
(李元儀)가 밤을 새워 한강을 건너 압송해 가면서부터 시작된
다. 추위가 심했으나 면암은 기한이 엄하게 정해진 여정이었

으므로 지체할 수 없어 곧 가마 한 채를 세내어 길에 올랐다. 집안의 지인과 시종이 한 사람씩 뒤따를 뿐이었고 행장도 주서(朱書) 1부 뿐인 초라한 행색이었다. 밤에 통행을 금하기 위해 종을 치던 인정(人定) 때에 길을 떠났다. 이렇게 밤중에 길을 재촉한 것은 세인들의 이목을 피하기 위함이었다.

> "인정 때에 금오의 일행이 길 떠나기를 재촉하였다. 마침내 동작진을 건너 남태령을 넘어서 과천읍 부근에 이르니 닭이 울었다. 뒤따라오는 일행들은 눈보라와 진흙탕 길에 시달려 모두 사색이 되었다. 드디어 한집을 찾아 들어가서 술을 데워 추위를 가시고 잠시 옷을 입은 채로 잠을 잤다. 행장이 아직 갖추어지지 않았으므로 하루를 묵었다.[53]

면암은 송시열과 이항로의 학통을 계승한 서인(西人) 계열이었기 때문에 압송책임자도 서인 중에서 차출하여 불편함이 없도록 배려하였다. 때마침 장례 때문에 아산으로 행하는 길이었던 선전관 이항권, 이병권 형제와 익산에서 올라오던 중인 선달 소정의가 만나기를 청하여 그들과 이야기를 나누기도 한다. 신시 후에 사형과 아들 영조를 비롯하여 여러 집안사람들과 시흥의 안사성이 모두 와서 모여 밤이 새도록 정담을 나눈다. 최정현과 유기일은 갇혀 있었기 때문에 작별 인사도 하지 못한다. 맏아들 영조(永祚)는 금오문 밖에서 거적을 깔고 기다리고 있다가 과천 부근까지 따라와서 울며 작별을 고하였다. 면암은 아들에게 할아버지를 잘 봉양하고 독서를 부지런히 하라고 거듭 당부를 잊지 않는다.

기록에 의하자면 면암의 유배길은 동작진 → 남태령 → 과천 → 수원 → 천안 → 태인 → 정읍 → 장성 → 나주 → 영암 → 강진 → 이진 → 제주도로 이어진다. 정읍에 이르러서는 각기병이 크게 발생하여 부득이 하루를 쉬기도 했다.

이 길은 삼남대로(三南大路)라 불리며 조선시대 한양에서 삼남지방으로 가는 길인 데서 유래되었다. 삼남대로는 서울에서 충청 → 전라 → 경상도 방향으로 가는 길로, 조선 초 한양도성에서 남대문을 지나 삼남지방으로 가는 간선도로의 하나였다. 즉 전국 각지로 가는 9개 노선 가운데 제6로로 동작진, 노량진을 건너 과천, 금천, 수원을 지나 통영까지 이르는 986리 길이었고, 제7로로 동작진을 지나 삼례, 금구, 태인, 정읍을 지나 제주에 이르는 970리 길이 되었다.

유배 길목의 지역 수령들은 유배인에게 말과 음식을 제공하도록 허용되었기 때문에 그들을 후히 접대하는 것이 상례였다. 말과 음식 외에 여행에 필요한 각종 물품과 금전을 제공하기도 했다. 이에 따라 고위관료일수록 유배인이 개인 비용을 사용하는 경우가 드물었다. 면암의 경우는 특히 그랬다.

출발하여 수원에 이르니 판관 정광시가 점심을 내었고 천안에 이르니 군수 이항신이 조반을 냈다. 유관오 노인이 돈

3냥과 약 10첩을 주었고, 태인에 이르니 현감 조중식이 점심을 대접하였다. 정읍에 이르니 현감 장복원이 두세 번 아전을 보내어 안부를 물었고, 장성에 이르니 부사 정선시가 이틀 동안 조반과 석찬을 대접하였다. 나주에 이르니 목사 송인옥이 조반과 석찬을 내었고, 영장 이덕순은 동향의 벗인데 노비를 청하니 돈 50꿰미를 노자로 주었다. 영암 덕진점에 이르니 동종 최경문이 와서 기다리다가 역시 돈 3냥을 보태 주었고, 군에 이르니 군수 구연식이 조반과 석찬을 냈다. 선비 박노상은 한 고을의 명망 있는 사람이었는데, 상복을 입고 와서 만나 잠깐 담화를 나누었다. 여기에서부터 강진 및 이진에 이르기까지는 모두 관에서 공급하였다.[54)]

면암은 28일 전라남도 이진에 도착하여 출항을 위한 바람을 기다렸다. 면암을 모시고 왔던 가마꾼 등이 거기서 하직을 고하며 목 놓아 울었다. 일행이 바람이 잔잔하기를 기다리는 동안 집으로 편지를 부치기도 하고 괘궁헌(掛弓軒) 현판에 씌어 있는 시의 운에 차운해 율시 2수를 남기기도 했다.

괘궁헌에서 현판의 시를 차운함

우뚝 솟은 한 점의 한라산
아득한 바다에 떠 있구나
원성의 지조 없어 부끄러울 뿐

굴자의 곤궁함이 어찌 흉이리

밝은 빛은 봉해의 달을 맞이하고

맑은 향기는 귤림에서 풍겨오네

임금과 어버이 먼 곳에 계시니

한 조각 이 마음 어디다 바치오리

먼 곳에 노니는 건 남자의 일이라

온 누리도 한 방 안과 같다오

북쪽을 보니 천극은 아득하고

남쪽을 건너니 땅도 막다랐네

모든 시름은 물같이 흘러가고

조각 돛을 바람에 맡겼어라

파옹의 그때 일을 생각하면

후인의 가슴만 격분하게 하네[55]

면암은 1873년 12월 3일, 드디어 이진을 출발하여 제주도로
향한다.

한 시절 전만 해도 많은 배들이 육지에서 제주도로 갈 때면
이진에서 출발해 제주도의 조천이나 화북으로 떠나곤 했다.
면암은 물론 송시열, 김정희 등도 이곳 이진에서 출발했고 제
주도에서 유배가 풀린 유배객들도 이진을 통해서 뭍으로 나오
곤 했다. 당시 이진은 삼남대로의 끝점이자 출발점이었다.

事不得已修正俾風此發今
將茲送呈兩元兩與七氏
並皆無事路費三兩又
送卑而事欸巳五十兩
彌漫耳不屑情下喩
癸百十兩一百子蓋銓氏

當長城時付彥伏想先此

下覽而亦未又不浮沉否

也子去廿八日到剺海雖

京九百九十里寧俪南地

盡頭也此地無日不風以

入與魚口丁

이틀을 묵고서 비로소 조그마한 배를 한 척 얻어서 70리를 가서 소안도에 정박하였다. 저녁 식사를 마친 다음 피로하여 잠자리에 들었는데, 뱃사공이, 바람이 불어 출발할 만하다 하므로 첫닭 우는 소리를 들으며 배에 올랐다. 바다의 중간 쯤에 이르렀을 무렵에 배멀미가 크게 일어나서 정신은 맑았지만, 오장이 뒤틀리고 신체를 가눌 수가 없어 정신을 차릴 수가 없었다.

제주도 조천포에 도착하니

12월 3일, 오시에 이진을 출발하여 70리를 가다가 일단 소안도에 정박하였다. 12월 4일, 첫닭이 울 무렵인 축시 경에 배를 띄워 그날 저녁 사시 무렵에 제주도 조천포에 도착[57]한 다. 이 과정을 면암은 다음과 같이 기록하고 있다.

> 조천포에 이르니 시간이 사시 쯤 되었는데, 눈을 들어 햇볕을 쏘이니 멀미가 조금 가라앉았다. 앞을 바라보니 한라산의 한 줄기가 남쪽을 가로막아 있고, 삼면은 큰 바다인데 아득하여 끝이 없으니 참으로 기이한 곳이었다. [58]

새벽에 출발하여 오후에 제주도에 도착을 할 만큼 순탄한 항해였다. 후일 면암은 동생에게 보낸 편지에서 "나는 배를

조천 포구

탄 뒤로 순풍을 만나 서너 시간 남짓하여 이곳에 도착했고,
아직은 별 탈 없으니 이로써 위안을 삼네"[59]라며 소식을 전
했다.

　이러한 항해는 그리 쉬운 일이 아니었다. 예나 지금이나
제주바다를 넘는 일은 결코 만만치 않다. 폭풍을 만나 죽는

일은 다반사였고 표류되는 일도 흔했다. 면암이 유배되던 시기는 해양사적 측면에서 '표류의 시대'라고 해도 과언이 아니었다.

1488년(성종 19), 아버지의 부음을 듣고 고향 나주로 돌아가기 위해 제주도 화북포구에서 배에 몸을 실었던 최부는 풍랑에 떠밀려 바닷길을 헤매다가 136일만에 귀국한 이후 『표해록(漂海錄)』을 남긴다. 그는 이렇게 기록하고 있다.

제주는 멀리 큰 바다 가운데 있고 물길 구백여 리의 파도가 다른 바다보다 더욱 흉포합니다. 진공선과 상선들이 이어져 끊어지지 않지만 표류하여 침몰되는 일이 열에 대여섯이 되어, 제주사람은 앞 항해에 죽지 않으면 필시 뒷 항해에 죽게 됩니다. 그러므로 제주땅에 남자의 무덤이 아주 적고 마을에서는 여자가 남자보다 세 곱절 많습니다. 부모가 된 자가 딸을 낳으면 필시 이는 내게 효도를 잘 할 것이라고 말하고, 아들을 낳으면 이는 내 아이가 아니라 고래와 자라의 밥이라고 말합니다.[60]

아들을 낳으면 이는 고래와 자라의 밥이라는 상황이 짐작되고도 남을 것이다.

물론 날씨나 바람을 잘 만나면 면암처럼 순항하는 예도 없지는 않았다. 김정희도 그랬다. 날씨나 바람만 잘 만난다면 제주바다가 비록 '삶과 죽음의 갈림길'이기는 해도 어렵지 않게 넘어오는 경우가 있기는 했다.

면암이 도착한 조천포는 관포(官浦)로서 제주도의 공식 출입구였다. 이곳에는 연북정(戀北亭)이라는 정자가 있는데 1590년(선조 23)에 조천관 건물을 새로 지은 후 쌍벽정이라 하였다가 1599년(선조 32)에 건물을 보수하고 이름을 고쳤다. '연북'이라는 정자의 이름은 제주도로 유배 온 사람들이 한양의 기쁜 소식을 기다리면서 북쪽에 계시는 임금을 사모한다는 충정의 뜻을 담고 있다. 면암도 아마 연북정에서 임금이 있는 곳을 향해 삼배를 했을 것이다.

면암은 조천포에 도착하여 진사(鎭舍)에서 밤을 지내고 다음 날 12월 5일 아침밥을 먹고 출발하여 제주 성안으로 들어갔다. 그리고 적소를 아전 윤규환(尹奎煥)의 집으로 정하고 본격적인 유배 생활에 들어간다. 당시 제주목사는 이복희(李宓熙)였는데 위리를 감시하는가 하면 유배생활에 따른 물자를 공급해 주었다.[61] 이에 대해서도 자세히 기록하고 있다.

> 성안 윤규환의 집에 이르니 금오와 본관이 감독하여 가시로 울타리를 만들고 자물쇠를 채웠는데 때는 섣달 5일이었다. 만 가지 잡념이 모두 사라져 운명인 듯 앞으로 편안히 지낼 것 같았다. 처음 출발한 날부터 날씨가 청명하였으며, 도사와 부속들이 모두 좋은 사람들이라서 철저히 보호하여 수륙 2천리 길에 무사히 도착하여 잘못됨이 없었으니, 진실로 그 까닭을 구명해 보면 주상의 은혜이며 조정의 덕분이다.[62]

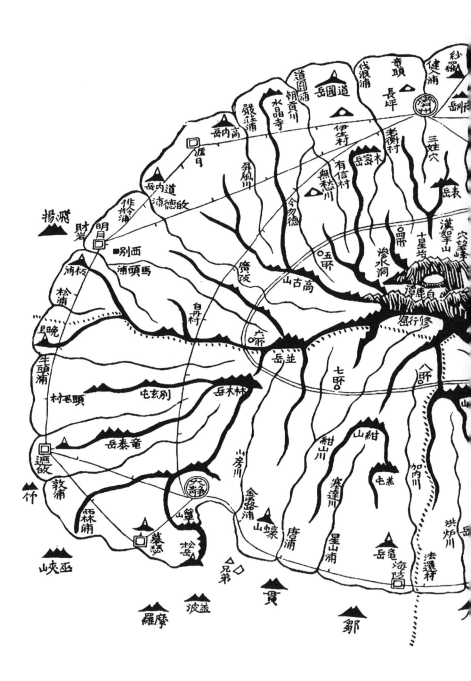

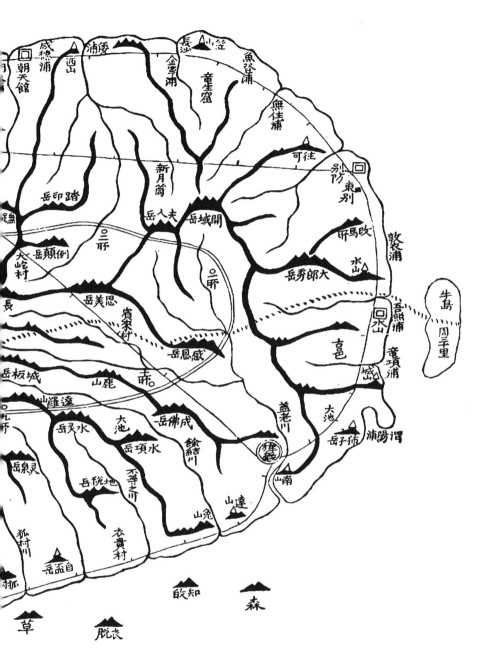

제주도 / 대동여지도

면암이 받은 형은 위리안치로서 적소 주위에 울타리를 치거나 가시덤불을 쌓고 그 안에 유배인을 유폐시켜 중죄인의 중연금 상태를 내외에 상징하는 벌이었다. 가시울타리로 쓰였던 탱자나무 서식지가 전라도 연안과 제주도였기 때문에 이 지역에서 주로 취해졌던 형벌이다. 원래 유배인이 원하면 유배 기간 동안 자신을 돌보아줄 수 있는 가족의 동반이 가능했지만 위리안치만은 그것이 불가능(不可與家屬混處)했다.

금부도사와 제주목사 이복희가 감독하여 가시울타리를 만들고 자물쇠를 채우고 음식과 물건 등은 본관에서 대어 주었다. 면암은 만 가지 잡념이 모두 사라져 유배생활이 운명인 듯 앞으로 편히 지낼 것 같다고 했다. 처음 출발하던 날부터 날씨가 청명하였고 도사와 부속들이 모두 좋은 사람들이어서 자신을 철저히 보호하여 수륙 3,000리 길에 무사히 도착할 수 있었던 까닭은 주상의 은혜이며 조정의 덕분이라 하였다.

면암의 편지에도 "금부 일행들이 처음부터 끝까지 한 집 식구처럼 돌보고 보호해 주어 그 감사함을 말로 표현할 수 없었는데 이제는 포구로 내려가 순풍을 기다려 바다를 건너려 하고 있으니 눈물이 쏟아짐을 금할 길이 없습니다."[63]라고 하였다. 압송책임자 이원의가 임무를 마치고 다시 서울로 돌아가려 하자 작별의 오언시도 잊지 않았다.

서울로 돌아가는 이 도사 원의를 작별함

야인이 정치에 간여하니
조정이 조용하지 못할 수밖에
비방 소리는 물이 끓듯 하고
삼사와 백관도 똑같은 소리
이 때문에 인심이 발칵 뒤집혀
모두가 공포에 싸여 있네
어이타 그대만이 나를 취해서
자기의 아픔처럼 여겨 주는가
나랏일을 등한해서는 안 되니
멀리 바람을 타고 만 리를 가네
눈이 쌓여 길조차 희미하고
옷에는 강비가 함초롬히 젖네
혹시나 사고를 염려하여
행자가 없다는 소리 하네
무릇 의방이 속하는 곳에는
돌봐 주는 마음 시종 한결같네
제주의 지경을 건너자마자
나를 성 동쪽에 가두는구려
자욱한 습기로 온몸을 멱감고
도깨비 모인 곳에 누워 있구나
그래도 염려 놓지 못하여

나에게 바보 되길 권했지
문 닫고 책이나 읽으며
외인과 상통을 부디 마오
은사가 멀지 않고
영공을 칭송할 이 혹 있으리라
이 뜻이 너무 고마워서
우연히 지기를 만난 느낌
그대여 너무 걱정을 마오
나는 응당 내 몸을 보전할 걸세
한시인들 잊으리 한 조각 마음
그대와 나는 어버이가 계시네
그대는 가고 나 홀로 남으니
가슴 아픈 이 마음 눈물이 나네[64]

제주도 서재생활

면암의 유배생활은 빨리 안정되었던 것 같다.

"처음에는 매우 생소하여 거처할 방법이 없는 것 같았으나 하루 이틀 지나면서 자연히 익숙해져 생활하는 모든 일들이 차츰 질서가 잡혀가고 있습니다. 국가의 은혜가 이렇게 깊고 또 멀리 미칠 줄은 몰랐습니다. 섬 안의 본토 사람들도 많이 찾아오고 있으며 또 교정 중에 있는 선현의 문집을 빌려다 보고 있어서 객지의 쓸쓸한 마음이 조금이나마 위로 받고 있습니다. 다만 서울 소식과 집안 소식을 까마득히 알 길이 없으니 이것이 매우 민망할 뿐입니다."

이렇게 하여 면암은 서재생활을 주로 하게 된다. "선생은 출입을 하지 않고 집안에서 조용히 있으면서 매일 주자서를 외고 또 교궁에 간직된 우암집 1질을 빌어 잠심완색(潛心玩索)하며 귀양살이의 괴로움을 아주 잊어 버렸다."[65]고 하였던 것처럼 주자와 송시열의 책을 읽었다.

여기서 말하는 '생각을 정돈하고 끊임없이 탐구한다'는 뜻의 '잠심완색'이란 독서를 할 때 우리가 가져야 할 자세나 마음가짐이 어떠해야 하는지를 말해주는 수사로써 면암의 독서철학을 제대로 드러내 주는 표현이다. 면암의 잠심완색은 선조 성리학자들이 대개 그러하였듯이 주자(朱子)의 독서철학과 맥이 닿아 있는 독서방법론이다. 이것은 면암이 출입을 하지 않고 집안에서 조용히 있으면서 매일 주자서를 외웠다는 사실에서도 충분히 엿볼 수 있다.

주자는 다음과 같이 말했다.

학문을 하거나 책을 읽는 사람은 모름지기 번거롭고 세밀한 것들도 참아내는 인내심과 꿋꿋한 자세를 가져야 한다.

들뜬 기분이나 조방한 마음에서는 참된 독서가 되지 않기 때문이다. 그리고 독서에는 지름길이나 왕도가 없다. 진리는 몇 겹의 외피로 둘러싸여 있어서 금방 알 수 있는 것은 아니다. 매일매일 한 껍질을 벗겨내어야만 비로소 그 핵심에 도달할 수 있다. 피(皮)를 벗겨내야만 육(肉)을 볼 수 있고 육을 제거해야만 골(骨)을 볼 수 있고 골을 제거해야만 체(髓)를 볼 수 있다는 논리이다. 그러므로 독서는 이와 같이 차근차근히 인내심을 가지고 세심한 마음으로 해야지 조방한 마음과 성급한 자세로서는 불가능하다.[66]

주자는 만년에 임금에게 올린 「행궁편전주차(行宮便殿奏箚)」에서 학문을 하자면 먼저 궁리하여야 하고 궁리를 하자면 먼저 독서를 하여야 하는데 그 독서법은 학습순서를 정치(精致)하게 따라야 하고, 정치하게 학습순서를 따르자면 먼저 거경(居敬)하여야 한다고 함으로써 그의 교육론을 결론지었다. 그렇기 때문에 주자는 독서법이야말로 발달단계에 맞아야 한다고 보았다.

주자는 독서를 수양의 방편으로 여겼다. 따라서 독서를 위한 독서는 거짓된 지식 즉, 망지(妄知)였다. 주자 수양론의 근거는 주경(主敬)에 있다. 경이란 '집중'이다. 이것이 곧 공부이다. 면암의 잠심완색이란 주자의 독서법 6조와 다름 아니며 그것은 곧 주경으로서 공부의 원리였다. 면암의 제주유배 서재생활은 독서를 위한 독서가 아니라 수양의 방편이었다. 따라서 면암의 잠심완색은 주자의 하학상달(下學上達)이나 복잡하고 어려운 문장을 간단하고 알기 쉽게 풀이하는 유박반약(由博返弱)의 정신을 계승하는 노력이다.

유배인들 가운데는 교육자 또는 자기완성자로서 현지 주민들에게 삶의 모범을 보임으로써 현지의 학문 향상과 문화 발전에 크게 이바지한 사람들도 많았다.[67] 원래 조선조의 선비들은 개인의 인격과 학문적 소양을 닦은 후에 남을 다스린다는 수기치인을 전제로 한 학자관료(士大夫)였다. 그들은 학문적 소양으로 정치를 하는 것을 원칙으로 삼았기 때문에 기본적으로는 학자이면서 정치인이었고 정치인이면서 또한 학자였다. 따라서 유배되었다는 것은 정치인으로서의 기능이 상실되었지만 다른 한편으로 학자적 기능은 여전히 가능했다는 의미이기도 하다.

따라서 유배생활을 서재생활로 전환하여 치열한 학자적 생활을 전개한 유배인들도 많았다. 그래서 유배인들은 현지 주민들과 접촉하면서 학자로서 유교적 교양을 바탕으로 한 많은 양의 지적 유산을 유배지에 남기게 되었던 것이다. 이제 유배인들은 현지 주민들과의 동화를 통해서 죄수라기보다 교육자 또는 자기완성자로서 여러 성과를 남긴다. 면암의 유배생활도 이러한 범주였다.

勉菴崔益鉉先生遺蹟碑

가시대에 세워진 최익현 유적비

우암 송시열에 대한 존경

면암이 유배지 서재생활에서 선택한 텍스트는 주자와 우암 송시열(宋時烈)이었다. 왜 하필 주자와 우암인가? 퇴계와 율곡을 정점으로 하여 조선후기 영남학파와 기호학파의 성리학자들은 퇴계의 이기호발설(理氣互發說)과 율곡의 기발일도설(氣發一途說)의 대립에 따라 이기설의 끝없는 철학적 개념논쟁을 계속하면서 이를 심화시켜 갔다. 면암의 스승인 화서는 이러한 조선 성리학의 마지막 단계에서 성리설로 하나의 정점을 이룸으로써 한말 성리학의 이론적 특성을 유감없이 발휘하였다.

그런데 화서는 "주자를 종주로 삼지 않으면 공자의 뜰에 들어갈 수 없고 송자(宋子: 송시열)를 본받지 않으면 주자의 정통에 접할 수 없다"[68]고 언명하여 그 자신의 학통에 대해 공자 → 주자 → 우암 → 화서로 이어지는 맥락을 제시하였으며 그 뒤 화서학파에서는 언제나 이 학맥을 도학의 정통으로 확인하였던 까닭에 결과적으로 면암의 유배생활 동안에도 주자와 송시열의 봉심은 당연한 선택이었다.

특히 송시열에 대한 면암의 존경심은 대단했다. 여기에는 송시열 역시 한때는 제주도 유배인이었던 까닭에 정서적 연대가 한 몫을 했을 것이다. 그러나 무엇보다 조선시대 도학의 이념적 기반인 주자의 경학체계를 수호하기 위해 애쓰던 당대의 거물이기도 했으며, 송시열이야말로 화서학파의 원류였기에 면암의 송시열에 대한 존경은 당연한 것이었다.

조선시대 내내 도학의 이념적 기반을 이루고 있는 주자의 경학체계는 강력한 정통적 권위를 지켜왔으며 17세기 말 송시열은 이를 수호하기 위해 주자의 경학체계에 어긋나는 경전해석을 사문난적(斯文亂賊)으로 규정하여 배척하였다. 그러나 19세기 후반에 들어서면서 조선사회가 격심한 사회적 혼란과 사상적 동요를 겪게 됨에 따라 도학에 대한 비판도 다양한 양상으로 제기되었고 이에 대한 한말도학의 대응도 더욱 정밀하게 이론화되고 치열한 저항정신으로 무장된다.

이러한 시대적 배경 속에서 한말도학을 이끌어 갔던 핵심적 인물인 화서는 정도를 옹위하고 사설(邪設)을 물리친다는 위정척사를 도학정신의 시대적 이념으로 표방하고 그의 문하를 중심으로 화서학파를 형성하여 활동하였던 것이다.

면암은 제주 적소에서 교궁에 간직된 『우암집』을 빌어 끊임없이 탐구하였으며 아들에게 보낸 편지 가운데서도 "내가 한가할 때 송서(宋書: 송시열이 쓴 송자대전)를 보니, 지나간 세월만 허송하여 견문이 얕은 것이 날로 부끄럽다."[69]고 했고 동문인 중암 김평묵에게 보낸 편지 가운데에는 "누생은 망령되게 송서를 두어 달 가까이 보고 있는데, 요령을 만에 하나도 깨닫지 못하겠으니 읽는 법을 두세 줄 글로 보여주시는 것이 어떻겠습니까?"[70]라고 송시열에 대한 존경심을 잃지 않았다.

장문의 편지를 통해서도 우암에 대한 존경을 숨기지 않는다.

우암 송시열 선생 문집을 한번 섭렵하였는데 제대로 맛을
음미하지 못하였습니다. 글을 읽는 사이에서도 알지 못하
겠는 것이 열에 여덟아홉이 되는데 하물며 그 의리와 사업
에 대하여 힘을 얻은 것이 있겠습니까? 다만 선생의 문학은
아무리 작은 말 한 마디라 할지라도 이치와 일이 관통하고
모두 근거가 있으며 융합하고 통철하여 마치 강물을 터놓
은 것과 같으니 경서를 읽는 것처럼 많이 읽는다 해도 오히
려 부족할까 근심입니다. 이제 여러 해 동안 비천하게 지내
온 가슴으로 외로이 혼자 지내면서 따지고 묻는 친구도 없
이 선생의 문집을 본다고 하는 것은 어리석은 것이 아니면
망령된 일이라 할 것입니다. 그러나 감히 스스로 단념하지
않고 다시 문집 중의 상소와 서찰 등을 자세히 보아서 근본
을 버리고 끝을 쫓아가는 뿌리 깊은 병의 원인을 면하고자
하나 꼭 그렇게 될 수 있다고 장담할 수도 없습니다.[71]

그런가하면 송시열이 귀양살이하던 집에 세운 우암선생적
려비(尤翁謫廬碑)를 직접 찾아가 예를 표하기도 했다.[72] 송시열
이 사약을 먹고 죽은 후 눈을 감겨 주었다는 권상하의 증손
자인 권진응이 영조의 탕평책을 반대하는 상소를 올렸다가
영조 47년(1771) 제주도에 유배되어 창천리 적거지를 창주정
사(倉洲精舍)라 이름 부쳐 지방의 유생들을 가르쳤다. 그는 이

듬해 유배가 풀려 서울로 돌아가기 전에 현재의 제주시 칠성통에 있는 송시열의 유배터를 방문한 후 제주도 유생들을 불러 모아 기념비를 세울 것을 부탁했다. 그렇게 해서 세워진 것이 '우암송선생적려유허비'인 것이다.

우암 송시열의 적거지는 제주 성안 산지골의 당시 아전이었던 김환심의 집이었지만 1724년(경종 4) 불에 타서 터만 남아 있고 거기에 1772년(영조 48) 유허비가 세워져 있었던 것이다. 이에 대해 '우암송선생적려유허비'에 자세히 기록되어 있다.

오호라, 제주의 동쪽 성안 산지골은 우암선생께서 귀양살이하던 옛터이다. 선생께서는 기사년(1689년 숙종 15) 3월에 오셔서 달을 넘겨 체포되어 가는 도중 다음의 어명을 받았다. 이 터는 고을 아전인 김환심(金煥心)의 집이었는데 갑진년에 불에 타고 지금은 밭이 되어 있다. 신묘년 봄에 권진응공이 선생에 대한 일을 상소하였다가 대정현에 안치되었다. 귀양이 풀린 다음 고을 선비들과 옛터를 찾아보고 탄식하여 말하기를 선생의 성대한 도덕과 위대한 업적으로써도 백년이 채 못 되어 그 자취를 찾기가 어려우니 사림의 부끄러움이 아닌가 하므로 삼읍의 선비들이 의논하여 짧은 비석을 세워 표시함에 목사 양세현 사도가 도움을 주었다. 옛 어른들이 이르기를 선생께서 귀양살이를 할 때 다른 일은 별로 없었고, 고을 향교의 경적을 가져다 읽었다. 떠나올 때에 과일·포·술을 갖추어 와서 축문을 지어 손자인 주석(疇錫)을 시켜 귤림사에 제사를 올렸다. 하루는 지팡이를 들고 (귤림서원의) 뜰을 둘러보고 빈 땅에 손수 생강을 심었다. 이 모두가 옛일을 갖추려 한 일이므로 부기한다. 숭정기원뒤 3번째 임진년(1772년, 영조 48) 2월 일 후학 김량행이 짓고 이극생이 쓰다.[73)]

면암은 해배 될 무렵에는 '귤림서원유지제오선생문(橘林書院遺址祭五先生文)'을 지어 송시열의 공로를 찬양했다. 귤림서원 유지에서 다섯 선생에게 올리는 제문은 충암 김정, 규암 송인수, 청음 김상헌, 동계 정온, 송시열 등 소위 제주5현을 흠향하기 위해 써진 것이다. 이 제문에서 면암은 송시열에 대해 다음과 같이 썼다.

송문정공은 일세의 뛰어난 영걸로 음양을 가르는데 한 칼에 두 쪽을 냈습니다. 명을 잇지 못하고 주자를 본받아 밝히니 전체대용이 우주에 가득했습니다. 윤휴가 화를 빚어 예를 멸시하고 경서를 헐뜯으며 주자를 무시하고 성인도 별 것이 아니라고 하였습니다. 그리고 당파를 만들고 붕당을 만들어서 국가가 거의 망하게 되니 선생이 두려워하여 숙청하고 물리쳐서 퇴폐 하는 풍조에 지주가 되었으니 그 공로가 홍수를 다스린 우왕보다도 월등합니다. 이는 어느 한 사람을 위하는 사적인 것이 아니라 천하를 위하는 공적인

것이었습니다.[74]

구구한 근심과 걱정

이렇게 면암은 서재생활을 빌어 자신의 처지를 극복하고
자 했지만 그러나 사상적으로 가장 활력이 넘쳤던 41세에 유
배를 당했기 때문에 학문적 교호관계의 단절을 매우 우려했
던 것 같다. 큰아들 영조에게 보낸 편지 가운데 "다만 멀리
떨어져서 스승과 벗의 접촉이 드물게 되었으므로 구구한 근
심이 실로 적지 아니하다."[75]거나 "스승을 가까이 하고 벗을
사귀면서 지혜와 견식을 넓히지 못하는 듯하니, 그 낭패를
말할 수 없다."[76]고 토로했다.

이러한 토로가 단순히 사람과의 접촉을 그리워하는 수준
이 아니라는 것은 "다만 3년 동안이나 사우들과 떨어져 있었
기 때문에 옛날 1치쯤의 전진이 오늘날 1자쯤의 후퇴를 면치
못하니 멀리서 탄식하고 애석히 여기는 마음을 다 말할 수가
없다."[77]라는 언급에서 짐작할 수 있다. 면암이 원했던 것은
학문을 고무하여 힘쓰게 하는 면려(勉勵)의 분위기 바로 그것
이었다.

동문인 유기일에게 보낸 편지에서 "위극안치되어 자익(資益)
할 길이 없으니 더욱 걱정스러운 마음 이길 수 없습니다."[78]라
고 하였듯이 면암은 친구간에 학문을 권장하면서 이익을 보
는 분위기를 고대하고 있었던 것이다.

그렇다면 면암이 고대했던 자익 즉, 재물의 이익이란 어떤 것일까? 그것은 다름 아닌 사승관계와 친교관계가 서로 복잡하게 얽혀있던 당대 화서학파 특유의 학문적 교호관계를 의미한다. 이를 두고 면암은 사문이라 표현하였다. 그에게 있어 사문이란 스승의 문하를 지칭하는 사문(師門)은 물론이거니와 유교의 문화를 일컫는 사문(斯文) 또한 포함하고 있다. 그에게 있어서 사문(師門)이란 사문(斯文)의 공동체였던 것이다.

따라서 면암에게 중요한 것은 사문에 대한 그리움이며 나아가 그것은 곧 사문의 보존으로 나타날 수밖에 없었다. 왜냐하면 면암은 당시 자신의 상소로 인해 사문의 후사가 끊기지 않을까 두려워하던[79] 입장이었고 이로 인해 화서 사후 화서학파를 이끌어 가는 주도적 역할을 담당하는 김평묵에게 보낸 편지에 "너그러운 마음을 가지시어 위로 사문을 부지하고 제생을 위로할 것을 진심으로 바랍니다."[80]라고 사문의 보존을 부탁한다.

사문은 사문(師門)과 사문(斯文)에 대한 동시적 이해로서 궁극적으로 성리학의 질서 체계인 도통의 문맥과도 닿는 논리이다. 면암은 큰형에게 보내는 편지에서 "하늘이 사문(斯文)에 재앙을 내린 지가 이미 오래니 더욱 무한한 근심을 이기지 못하겠습니다."라고 그의 비통함을 토로한다. 확실히 면암의 지적대로 성리학의 문화로서 사문은 면암을 끝으로 서서히 막을 내리게 된다. 성리학의 정신사적 계보로서 도통은 그 마지막 지식인으로 면암을 거론하는 것도 우연이 아니다.

이미 면암은 당대 지성계의 위기의식을 다른 어느 누구보다
뼈저리게 느끼고 있었던 것이다.

제주도의 인상

제주도를 단순한 유배지 보다는 선현의 자취가 남아 있는
땅으로 인식하게 되면서 면암은 선현의 남은 풍교(風教)를 기
리고 그 풍교를 백성에게 가르쳐 주어야 할 선비로서의 임무
를 생각하게 된다. 그것은 나라와 백성에 대한 근심과 금수
와 같은 외적 때문에 도가 무너져가는 시대에 대한 아픔으로
이어진다. 제주에 남아 있는 선현들의 자취는 면암에게 자신
을 비추어 주는 거울이면서 앞길을 인도해주는 존재였다.

이러한 배경에서 제주에 남아있는 선현의 자취를 찾아 자
신을 가다듬고 나라를 걱정하며 때를 슬퍼하는 시가 나오게
된 것이다. 면암은 귀양 사는 집에서 봄날의 다함없는 정취
를 토로해 보았다.

귀양 사는 집에서 우연히 느낌

삼성이 처음 개척한 땅이요
오현이 제사 받는 곳이네

남은 풍교 다함이 없으니

느낀 마음에 봄날이 기네[81]

    이 시는 제주의 근원과 풍교를 밝히면서 제주에 대한 인식
이 깊어지고 있음을 보여준다. 제주는 고을나(高乙那), 양을나
(梁乙那), 부을나(夫乙那) 3신인이 황무지를 개척하여 이룩한 고
장이다. 기구에 이어 승구에서 노래한 제주5현은 제주 귤림
서원에 제향된 김정, 정온, 김상헌, 송인수, 송시열 다섯 사람
을 가리킨다. 이러한 5현이 제사 받는 곳이 제주 땅이며 그들
이 남긴 풍교가 끝이 없다.

    면암은 학문의 권장은 물론 사표가 될 만한 사람을 고을에
서 제사지내며 덕을 높이고 공을 보답하는 것이 서원의 역할
이라고 믿었던 사람이다. 따라서 서원의 혁파는 학문을 폐지
하는 것이며 유교질서를 어지럽히는 행위로 보았다.

    5현이 끼친 영향이 큰 가운데 따뜻한 햇볕이 비치는 봄날
은 길기만 하다. 여기서 봄날은 5현이 남긴 풍교가 끼치는 따
뜻하고 인간다운 세계를 의미한다. 그러한 세계를 지키기 위
해서 면암은 유배를 무릅썼던 것이다.

    면암은 5현이 모셔져 있는 귤림서원 터도 직접 찾아보았
다. 귤림서원 터에 들르기 전에 송시열 유허지와 천일정 그
리고 운주당에도 들렸다. 면암의 연보(年譜)를 보면 갑술년
(1874년, 고종11) 3월에 "우옹적려비(尤翁謫廬碑)를 봉심하고 천
일정(天一亭), 운주당(運籌堂)을 거쳐 귤림서원 옛 터에 이르렀

다."[82]고 했다. 그리고 이와 관련한 시도 남겼다.

적려유허비는 송시열이 유배생활을 하던 집터에 있었다. 비를 살펴보는 면암은 송시열이 당했던 일을 생각하며 비분 강개를 억누를 수 없었다. 그런 마음으로 하룻밤을 보내고 그 마음이 가시지 않은 채 송시열이 살이 하던 집터에 세운 비를 둘러보러 왔던 것이다. 그러나 비분강개해본들 이미 지나간 일이고 이제 돌이켜 바로 잡을 수도 없지 않은가. 어찌할 수 없는 과거지사가 되어버린 것이다. 그러나 송시열이 끼친 유풍만은 맑은 바람으로 면암의 얼굴을 스치며 지나갔던 것이다.

우유허비

초산에서 하룻밤은 강개만 북받치고
남은 마음 여기 왔건만 다시 어쩌리
생강 심고 예론 펴낸 그때의 일이
오히려 맑은 바람으로 얼굴 스쳐 불어가네[83]

이어서 천일정에도 들렀다. 제주시 건입동 북수구성 위의 누정이었던 천일정은 원래 죽서루(竹西樓) 터였다. 유구태자가 해를 당한 곳으로 이름을 고쳐 새로 세웠다고 한다. 봄이 깊은 강성에는 꽃이 지고 녹음이 우거져 푸른 병풍을 두른 듯 했다. 아름다운 경치건만 열병의 원인이 되는 산천에서 생기는 나쁜

기운을 품은 비와 바람이 유배지의 외로운 나그네를 침습하곤
했다. 천일정의 유래와 푸른 녹음이 둘러싼 경치, 풍토도 안 맞
고 낯선 유배지의 외로움을 노래하고 있다.

우천일정

강성엔 꽃지고 푸른 병풍 펼쳤는데
장우만풍 해는 몇 번 돌아왔나
두 아들 세 양인 노래 슬프게 끊어지고
헛되이 이제야 느껴서 뒷사람 오도다[84]

운주당에 대해 제주목사 이산해는 용이 엎드린 형세라고
했고 효령대군은 너무 높아 머뭇거리는 모습이라고 했다. 시
에서도 운주당이 자리 잡은 곳이 지세가 빼어나다고 노래하
고 있다. 그러나 아무리 좋은 자리에 잡은 운주당이라 할지
라도 기왕의 백년 일은 물을 곳이 없다. 이산해, 효령대군 등
의 빼어난 솜씨만 다투고 있을 뿐이다. 이산해는 조선 선조
때 무신으로 서화에 능하여 대자(大字)와 산수묵원(山水墨圖)에
뛰어났고 특히 문장에 능하여 선조조 문장 8가 중의 한사람
으로 일컬어졌다. 이산해가 현판을 쓸 만큼 운주당의 경계가
빼어나 칭송의 대상이 되었음을 짐작하게 한다.

우운주당

운주당은 마음대로 탐라국을 열었네
왼쪽엔 물, 오른쪽엔 뫼 승지를 얻었으니
지나간 백년 일은 물을 곳이 없는데
빼어난 글씨만 남아 뛰어남을 다투네[85)

굴림서원에서는 면암이 찾아갔을 때 집의 마룻대와 추녀
조차 형체도 없고 바람벽만 초라하게 남아 있었으며 비석은
우거진 풀숲 속에 서 있었다. 서원철폐와 쇠도끼가 멀리 굴
림서원에 까지 미쳤으니 서원은 무너지고 굴나무만 소매에
그늘을 드리운다. 이끼 낀 서원의 옛 자취를 어루만지노라니
눈물이 옷깃을 적신다. 사제의 의리가 끊어진다고 유생들이
통탄하던 현실을 유배지의 면암은 거듭 확인해야 했다.

우서원구지

멀리 쇠도끼 침략하니 소매에 굴 그늘지고
이끼낀 자취 어루만지니 눈물 옷깃을 적시누나
미움을 물리침은 예로부터 망령된 사나이
더러움 떨쳐냄은 대동천하 마음이라[86)

굴림서원 옛터 / 오현단

제주도에서 만난 사람들

제주도에서 비록 면암이 고대했던 학문을 통한 이익을 얻는 분위기를 누릴 수는 없었지만 그러나 다행스럽게도 왕래하는 사람들로 인해 면암의 학문적 관계의 단절을 막을 수 있었다. 외지인들은 물론이며 제주문인들의 왕래도 빈번했기 때문이다. 외지인으로는 호서 사람 맹문호, 최영환, 호남 사람 최승현, 박해량, 김효환, 김형배, 안진환, 이필세[87] 등이 방문하는데 유배인의 처지에 이렇게 많은 외지인들이 찾아온 경우는 드물다.

또 보내준 시에 차운해서 지은 시가 있는 것을 보면 육지부에서 적소로 시를 보내오기도 했음을 알 수 있다.

이희가 보낸 시를 차운함

일 없어 문 닫고 혼자 앉았으니
이렇게 한가한 줄 누가 알랴
한 책상 가득 찬 글 보기 좋고
석 잔 막걸리에 웃어나 볼까
아니 신선과 인연이 깊지 않았던들
어찌 명산에 우연히 오를 수 있으랴
혜주가 멀다고 말하지 말라

저 배 돌아올 제 고향 소식 전해 주리

넘실대는 큰 바다 실낱같은 물로 시작
끝내는 천지를 삼켜 기세가 아슬아슬
섬 풍속은 비록 다르다 하나
곳곳마다 명산 좋기만 하더라
뜰앞의 귤이 반쯤 익어 향기 날 때
발에 든 가을 기운 손님이 먼저 아네
출처를 곳에 따라 맞춘다고 말하지 말게
바람 앞에 몸 가누기 예로부터 어렵느니[88]

제주도 유배를 전후로 면암은 경기도 포천에서 활동을 하면서 화서학풍을 경기도 북부지역과 넓게는 강원 지역으로 전파하는데 일조를 했다. 후일 화서학풍이 청양을 중심으로 호서 서부와 호남지역으로 뻗어갈 수 있었던 것은 면암이 만년에 충남 청양으로 옮겨 살았기 때문인데 제주도에서 호서와 호남사람들을 만났던 것으로 보아 이전부터 면암은 이미 호서와 호남사람들에게 명망이 있었음을 짐작할 수 있다.

그런가하면 안달삼, 김희정, 강기석, 김용징, 김훈, 김치용, 김양수[89] 그리고 이기온, 강철호[90] 등의 제주도 사람들과도 면암은 종유를 하였다. 원래 종유(從遊)란 학덕이 높은 사람과 어울려서 사귀는 행위로서 고위 정객이 제주도에 유배를 왔을 때 제주문사들이 행하는 친교의 대표적인 행위양식이었다.

면암의 편지에도 "이곳의 안달삼, 김훈, 김희정 이 세 사람은 뜻이 있는 선비들입니다"[91]라고 하였다. 안달삼은 한말도학의 3대 학파 가운데 하나인 장성의 기정진이 연원[92]인 노사학파의 한 사람으로 면암과 노사를 연결시키는 결정적인 역할을 담당한다. 그런가하면 김훈은 유림에 공이 있는 사람으로 김희정은 행동이 신중하며 학문을 좋아하는 사람으로 면암의 평가를 받는다.

특히 김희정(金羲正)은 제주도 사람들 가운데 유일하게 면암이 자신의 문인이라 칭했고[93] 후일 면암의 사우록에도 등재[94]된 사람으로서 명실공히 면암의 제주 초전(初傳: 제주 1대 제자)이다. 당시 제주유림에서는 도학으로는 안달삼을, 시학으로는 김희정을 남주 제일인자로 손꼽았는데 그들의 능력은 면암과의 종유로 더욱 확장된다. 면암이 해배될 때 김희정을 동행[95]했던 점으로 미루어 볼 때 면암의 김희정에 대한 애정을 엿볼 수 있다. 1871년(고종 8) 서원철폐령에 따라 귤림서원이 훼철되고 5현을 제사지낼 곳이 없어지자, 김희정은 1892년 제주 유림들과 함께 서원 터에 조두석(俎豆石)을 배열하고 제단을 마련하였으며 1년에 한 번 5현을 분향하도록 하였다. 이 제단이 현재 '오현단'으로 불리고 있으며 1971년 지방기념물 제1호로 지정되었다.

강기석은 1858년에 진사에 급제했고 추사 김정희가 제주도 유배되었을 때 내방이 있었던 점으로 미루어 보아 면암보다 연장자였음이 분명한데 나이에 상관없이 그들은 서로 종유한다. 이밖에 면암이 유배되어 사는 곳의 근처에 살면서 날마다 글자를 묻던 김관석의 아비가 되는 사람도 있었다.[96] 그는 과거를 보기 위해 서울로 향하면서 면암의 편지를 전해 주기도 했다.

제주사람과의 특별한 인연

면암이 제주도에서 만난 안달삼(安達三)의 자는 행오(行五)이고, 호는 소백(小栢)이다. 본관은 죽산(竹山)이며, 제주도 조천에서 태어났다. 이한우(李漢震)를 사사하였으며, 1883년(고종 20)에는 초시에 합격하였다.

안달삼의 스승인 이한우는 추사 김정희가 제주유배생활을 할 때 그를 찾아가 가르침을 받았던 사람이다. 그는 여러 제자들을 기른 당대 제주도의 큰스승으로 추사의 영향을 많이 받았다. 안달삼, 김희정, 이계징 그리고 고영흔 등이 그의 제자들이다. 당시 제주도에서는 도학으로는 안달삼을 시학으로는 김희정을 남주(南洲) 제일인자로 꼽았던[97] 것을 보면 이한우의 비중을 실감할 수 있다. 안달삼과 이계징은 후일 장성의 노사 기정진의 문하생[98]으로 활약하였고 김희정은 면암 최익현이 제주도에 유배 왔을 때 그의 문인이 된다.[99]

안달삼은 당시 제주에 유배 온 면암과 교류하면서 도덕과 학문을 겸비한 선비로 칭찬을 받았다. 1892년 제주목사 이규원에게 천거되었으나 현상휴의 반대로 벼슬에 나아가지는 못하였다. 이후 전라남도 장성으로 이사하였으며 후학 양성에 힘을 쏟았다. 그의 아들 안병택은 아버지의 뜻을 이어 기정진 문하에서 수학하고 전라남도 광주로 이주하여 후학들을 가르쳤다.

제주문사 안달삼은 면암과 종유하는 동안 자신의 스승인 노사(蘆沙) 기정진(奇正鎭: 1798~1879)의 '소장(疏章), 서(序), 기(記), 이기설(理氣設) 약간 편을 옮겨 등사한 것' 등 여러 편의 글을 보여준다.[100] 이 때 면암은 '이는 우리 화서 선생의 지결과 대략 비슷하다'고 등초하여 두 권의 책으로 만들어 그것을 소중히 여긴다.[101] 면암은 제주도에서 안달삼만이 아니라 노사의 제자인 이기온도 이미 만나고 있었다. 이런 인연으로 면암은 1년 반의 제주도 유배생활을 하고 43세에 해배되어 올라오는 길에 장성 하사로 78세의 노사 기정진을 예방한다.

노사는 면암의 스승인 화서와 더불어 병인양요 때 척화상소를 올렸던 한말도학의 대표적인 학자였기 때문에 면암의 예방은 감격스러운 것일 수밖에 없었다. 그 감격을 두고 면암은 "내가 제주에 있을 때는 한라산을 보았고 장성을 지날 적에는 기정진을 뵈었다."[102]고 하였다.

19세기 전반에 와서 조선조의 정통적 성리학 사상은 화서와 노사를 중심으로 하는 사림(士林)에 의해서 재정비됨으로써 그 학통이 이어지고 19세기 중엽 서세동점(西勢東漸)의 충격이 시작되자 조선조 성리학 사상의 정통적 맥을 이은 이들 사림이 성리학의 기조 위서 척사논의를 강력하게 제기하게 된다. 따라서 안달삼은 물론 이기온과 같은 제주문사들에 의해 노사를 알게 되었으며 그 인연으로 노사를 예방할 수 있었던 것은 면암 개인의 감격을 넘어 조선후기 사상사의 일대 사건이라고 할 수 있다.

면암은 제주도에서 해배 되자마자 일본과 화친하는 강화도조약을 체결한 고종의 문호개방정책에 대해 도학적 척사론에 따라 비판하는 상소를 올림으로써 44세에 다시 3년 동안 흑산도에서 유배생활을 하게 된다. 47세에 해배 되자 이때에도 돌아오는 길에 장성의 노사를 예방하였으나 이미 노사는 82세로 병이 위중하였다.

이렇게 면암은 스스로 노사를 두 차례 예방하였을 뿐만 아니라 노사 문하와도 폭넓게 교류하여 학문적 유대감을 확인해 왔는데 이 때문에 그는 1901년(고종 38) 노사 신도비의 비문을 짓게된다. 면암은 화서와 노사가 수백 리 떨어져 하루도 만난 일이 없지만 그 주장이 주리를 종지로 삼는 데 서로 일치하였음을 지적하고, 노사의 신도비문에서 "사설을 물리치는 공을 자임하고 주기의 학설을 몰아냄으로써 일치를 이루는 세운을 담당하였다"[103]라는 16자로 노사와 화서의 기본 성격을 규정하였다.

이러한 면암과 노사의 만남, 다시 말해 한말도학의 양대

문연서당 옛터

산맥 격인 화서학파와 노사학파의 만남을 가능케 한 사람이
바로 제주문사 안달삼이었다.

면암이 제주도에서 가장 가깝게 지낸 지인은 이기온(李基
溫)이다. 그는 유배인 간옹 이익(李瀷)의 후손으로 조선말기
제주도를 대표하는 유학자이다. 기정진의 문하에서 수학하
였고 벼슬길에 나가지 않고 은거하였다. 이후 문연서당(文淵

書堂)을 열고 후학 양성에 열의를 다하였으며, 그보다 나이가 한 살 위인 면암이 제주도에서 유배생활을 하는 동안 교류하였다.

면암과 이기온의 사제동행을 기념하는 유적으로 문연사(文淵社)가 있다. 1931년에 창설한 문연사는 면암과 이기온의 유덕을 추모하여 매년 정월 중순에 향사하는 제단으로서 문연사제는 현재도 지내고 있다. 문연사의 옛터에는 이기온과 면암의 만남을 기려 각석한 '사장수포단배(師長樹抱旦拜)'라는 글이 남아 있다. 문연사제는 제주유림에게 사표의 상징이었음이 물론이다.

그의 호는 귤당(橘堂), 또는 귤암(橘巖)으로 알려져 있는데 특히 후자의 귤암은 면암과의 교류에서 만들어진 것으로 알려져 있어 그 의미가 크다.

인목대비 폐모를 반대하다 광해군에 의해 제주도에 유배되자 김진용, 고홍진과 같은 걸출한 제주문사들을 제자로 배출하여 제주의 문교발전에 큰 기여를 했던 이익의 후손인 이기온은 선대의 가학적 전통을 면암과의 종유를 통해 계승 발전시켜 나간다. 이기온은 면암으로부터 귤암이라는 아호를 하사 받는다.

풀 이름 암(菴)자를 쓰던 면암은 귤암에게는 바위 암(巖)자를 하사하는데 이러한 아호의 공유는 그들의 지적교류를 상징적으로 보여주는 예이다. 이것은 완당 김정희가 청의 완원으로부터 완자를 하사 받았던 예와 비슷한 의발교류의 전형이다. 원래 의발(衣鉢)이란 스승인 중이 제자에게 주는 가사와 바리때란 뜻으로 따라서 의발교류란 교류관계의 절정을 표현하는 수사다.

면암은 유배에서 풀려나자 1875년(고종 12) 3월 27일, 어른 10명 그리고 하인 5, 6명을 데리고 꿈에 그리던 한라산 등정에 나선다. 이때 이기남이 길을 인도하고[104) 귤암 이기온과 윤규환 등이 동행하게 된다. 중도하차 하려는 일행들을 재촉하여 어려운 산행 끝에 백록담과 천불암 등의 명승을 두루 구경하게 된다.

송나라 제1의 시인이며, 문장에 있어서도 당송팔대가의 한 사람이었던 소동파가 혜주에 유배되었을 때 여러 지기들과 백수산(白水山)을 유람하였던 것처럼 면암과 이기온도 비슷한 일을 하였다.

유배가 풀리고

면암의 귀양을 풀어 주라는 공식 문서인 해배관문(解配關文)이 3월 16일에 접수되자 판관 이시현이 공복을 갖추어 입고 위리(圍籬)를 철거하였다. 이로써 면암은 해배가 되어 자유인이 된다.

3월 25일에는 귤림서원 옛터에 가서 면암은 '귤림서원유지제오선생문(橘林書院遺址祭五先生文)'이라는 제문을 지어 다섯 선생에게 제사를 지낸다. 자유인 신분으로 가장 먼저 한 일이었다. 막상 갔지만 면암은 "저 귤림의 서원을 바라보니 제 마음이 즐겁지 못합니다. 서원 자리에 말을 방목하고 밭을 개간하여 제사를 받들지 않으니, 누가 이렇게 만들었습니까? 하늘을 우러러도 대답이 없습니다."[105]라고 하면서 통탄을 한다.

대원군은 1868년(고종 5)과 1871년(고종 8) 두 차례 '서원철폐령'을 내렸다. 이 명령으로 전국 1700여개 중 47개를 제외한 서원이 철거당하고 사당에 모신 유학자들의 위패도 땅에 묻혔다. 귤림서원은 1868년에 철거를 당했기 때문에 그 자리가 황폐했던 것이다. 면암이 보기에 제주도는 "개명하지 못하고 풍속이 비루한 곳"이었다. 이런 곳에 새로운 기운을 불어 넣어준 사람은 바로 오현이라고 면암은 믿었다.

> 이 작은 제주도는 오랫동안 개명하지 못하여 잡스러운 말과 가죽옷 등 그 풍속이 비루하였는데, 아, 우리 오현이 혹은 귀양살이로 혹은 관직으로 이곳에 와서, 백성들이 흥기되고 감격하여 지금까지 공경하니, 그 연유를 따져보면 사실은 하늘의 뜻입니다.[106]

그 다음에 한 일이 한라산 등정이었다. 3월 27일에 한라산에 올라 백록담과 천불암 등의 명승을 두루 구경하였던 것이다. 그리고 「한라산유람기(遊漢拏山記)」까지 남긴다. 이와 관련

한라산

하여 면암의 연보에는 다음과 같이 쓰고 있다.

> 한라산은 큰 바다 가운데 자리 잡고 있어서 우리나라 삼천
> 리를 방위하는 문이 되었으니, 세상에서 말하는 조선 삼신
> 산의 하나이다. 웅장하고 광대하여 위로 은하수에 닿았고,
> 또 구름과 안개가 항상 진면목을 가려서 1년 통틀어 갠 날이
> 얼마 없었으므로, 예로부터 이 섬에 와서 유람하였던 시인
> 이나 이름난 고관들이 산에 오르기를 원하는 사람이 많이
> 있었으나 이루지 못하였다고 한다. 선생이 오를 적에는 하
> 늘이 청명하고 공기가 신선하여, 이틀 밤을 묵으면서 장관
> 을 구경하고 돌아오니, 고을 사람들이 '선생은 이 산의 신선
> 과 연분이 매우 두텁다.'고 하였다.[107]

한라산에 오르다

면암은 "내가 제주에 있을 때는 한라산을 보았고 장성을
지날 적에는 기정진을 뵈었다"고 했다. 그만큼 한라산의 경
험은 그에게 평생의 큰 추억이었다.

유배가 풀리자 곧 한라산 등정을 시도한다. 그가 기이하
게 생각한 것은 "한라산의 명승은 온 천하가 다 아는 바인데
도 읍지를 보거나 사람들의 말을 들어 보면 구경한 이가 아

주 적으니, 갈 수 없는 것인가? 아니면 가지 않는 것인가?"하는 것이었다. 서울 사람들이 남산을 찾지 않는 이치나 마찬가지겠지만 아무리 그렇더라도 명승을 눈앞에 두고 찾지 않는 제주도 사람들이 기이했던 모양이다.

이에 대해 제주도 사람들은 다음과 같이 대답을 한다.

> "이 산은 4백 리에 뻗쳐 있고 하늘에 닿을 듯 높이 솟아서 5월에도 눈이 녹지 않습니다. 뿐만 아니라 그 정상에 있는 백록담은 여러 선녀들이 하늘에서 내려와 노는 곳으로 아무리 맑은 날이라 할지라도 항시 흰 구름이 서려 있습니다. 이곳이 바로 세상에서 영주산(瀛洲山)이라 일컫는 곳으로 삼신산(三神山)의 하나에 들어가니 어찌 범한 사람들이 용이하게 구경할 수 있겠습니까."[108]

결국 면암은 한라산을 오르기로 하고 3월 27일 길을 나선다. 전체 일행이 15, 6명이 되었으며 이기남이 앞장을 섰다. 이기온도 동행을 하였고, 적거지의 주인이었던 윤규환도 동행했지만 중간에서 다리가 아프다는 이유로 포기를 한다.

> 그 후 을해년(1875, 고종 12) 봄에 나라의 특별한 은전을 입어 귀양살이에서 풀려나게 되었다. 이윽고 한라산을 탐방할 계획을 정하고, 사인 이기남에게 앞장서서 길을 인도해 줄 것을 부탁하였다. 일행은 어른이 10여 명에 종 5, 6인이

방선문 계곡

따랐으며, 출발 시기는 3월 27일이었다.[109]

  면암의 등산 경로를 그가 남긴 「유한라산기」를 토대로 정
리를 해보면 다음과 같다.

  남문(출발) → (10리) → 방선문 → 동쪽 → (10리) → 죽성(竹
城) 마을(1박) → (5리) → 중산(中山) → (20리) → 계곡 →
서쪽 → 남쪽 → 밀림 → (10여리) → 갈대 숲 → 서쪽 → (1리) →
석벽(삼한시대 봉수터) → 계곡 → (6, 7리) → 상봉(上峰) →

(수백 보) → 백록담 → 동쪽 → (5리) → (서남쪽)(20리) →(비박 : 2박) → (10리) → 영실 → (20리) → 서동 입구 → 제주성

　전체 일정은 2박3일이 걸렸으며 방선문 계곡에서 지금의 제주시 오등동인 죽성 마을에서 1박을 하고 지금 지형으로 말한다면 한라산 탐방로 가운데 소위 말하는 관음사 코스인 탐라계곡 → 개미목 → 삼각봉 → 용진각으로 하여 백록담 정상까지 올라갔다가 서남쪽에서 2박으로 비박을 하고 영실로 내려왔다.

　면암이 맨 처음 도착한 방선문(訪仙門)은 제주도에서 가장 긴 하천인 한천(漢川) 상류에 위치한 방선문 계곡의 중간 지점에 있는 큰 바위를 가리키며, '신선을 방문하는 문'이라는 뜻을 지니고 있다. 영험스런 한라산으로 들어가는 문이라는 의미이다. 한라산에는 불로불사의 약초가 있어 신선이 산다고 믿었기 때문에 결국 방선문은 그 신선을 만나기 위해 거쳐 가야 하는 첫 번째 관문인 셈이다. 이 방선문에서 봄의 철쭉꽃을 감상하는 것을 영구춘화(瀛丘春花)라고 하여 제주도 비경인 영주십경 중 하나로 쳤다.
　방선문이 위치한 곳을 등영구(登瀛丘), 들렁귀, 환선문 등 여러 별칭으로도 부르는데, 특히 들렁귀는 제주 고유의 말로 '들렁'은 '속이 비어 툭 트임'이라는 뜻이며 '귀'는 '입구'를 뜻

한다. 앞뒤가 트여 있고 위에는 지붕이 덮여 있는 바위의 모습이 마치 큰 대문을 열어놓은 것처럼 보인다. 앞뒤가 트여 있는 빈 공간은 사람이 통과할 수 있을 정도로 크다.

영조 15년(1739) 초여름, 제주목사 홍중징은 기생들을 데리고 탁족(濯足)을 하러 들렸다가 등영구라는 제액과 함께 오언절구를 돌에 새겨 넣었다.

등영구

뚫어진 바위구멍 입을 크게 벌린 듯
암벽사이 봄꽃들 여기저기 피어났네
꽃사이로 퍼지는 풍악소리 선율에
신선 태운 난새 학새 너울너울 날아오는 듯[110]

잘 쓴 시는 아니지만 방선문의 풍경을 어느 정도 짐작할 수 있을 듯하다. 이에 대한 면암의 기록이 오히려 낫다.

일행이 남문을 출발하여 10리쯤 가니 길가에 개울이 하나 있는데, 이는 한라산 북쪽 기슭에서 흘러내리는 물들이 모여서 바다로 들어가는 것이다. 드디어 언덕 위에 말을 세우고 벼랑을 의지하여 수십 보를 내려가니, 양쪽 가에 푸른 암벽이 깎아지른 듯이 서 있고 그 가운데에 큰 돌이 문 모양으로 걸쳐 있는데, 그 길이와 너비는 수십 인을 수용할 만

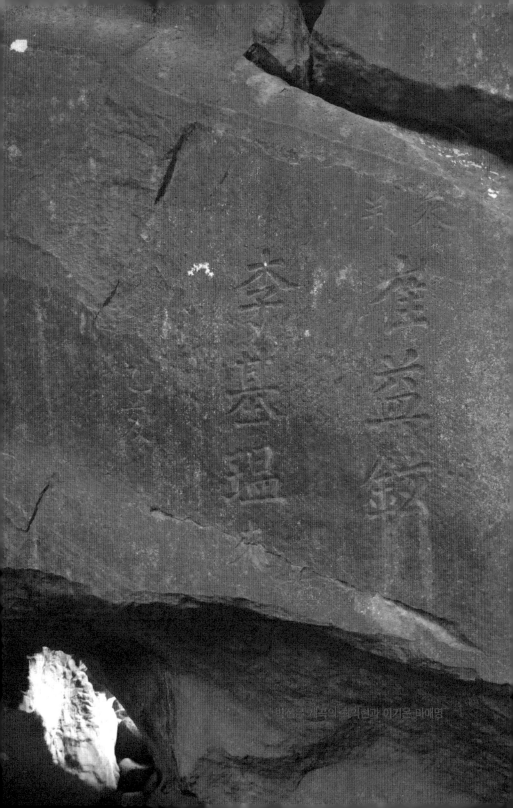

하며, 높이도 두 길은 되어 보였다. 그 양쪽 암벽에는 '방선
문·등영구'란 6자가 새겨져 있고 또 옛사람들의 제품(題品)
들이 있었는데 바로 한라산 10경 중의 하나이다. 그리고 문
의 안팎과 위아래에는 맑은 모래와 흰 돌들이 잘 연마되어
그 윤기가 사람의 눈을 부시게 하였고, 수단화, 철쭉꽃이 열
을 지어 좌우로 심어져 있는데 바야흐로 꽃봉오리가 탐스
럽게 피어나고 있으니, 역시 비할 데 없는 기이한 풍경이었
다. 한참 동안 풍경에 취해 두리번거리며 조금도 돌아갈 뜻
이 없었다.[111)]

면암이 방선문을 방문한 기념으로 이기온과 함께 입구 상
단에 두 사람의 이름을 새겨 놓기도 했다. 두 사람의 글씨는
아니며 다만 그들의 방문을 기념하기 위해 누군가 각을 해
넣은 것으로 보인다. 그리고 1박을 한 곳은 방선문 인근의 죽
성 마을로 지금의 제주시 오등동이다.

다시 언덕으로 올라와 동쪽으로 10리쯤 가니 죽성(竹城)이라
는 마을이 나왔는데 꽤 즐비한 인가가 대나무에 둘러싸여
있었다. 큰 집 한 채를 얻어 숙소를 정하니 날이 저물었다.
하늘이 캄캄하고 바람이 고요한데 비가 올 기미가 있어 잠
을 이루지 못하고 밤을 지새웠다.

한라산 영실

다음 날 날씨가 안 좋은 이유를 들어 돌아갔다가 후일을 기약하자는 제주도 사람들의 만류에도 불구하고 면암은 술을 한잔 하고 말을 몰아 산행을 재촉하여 중산(中山) 이른다.

새벽에 일어나 종자에게 날씨를 살펴보라고 했더니, 어제 초저녁보다 오히려 심한 편이라는 대답이었다. 그리고 바로 돌아갔다가 후일에 다시 오는 것이 좋겠다고 말하는 자가 열에 칠팔은 되었다. 나는 억지로 한 잔의 홍조(紅潮)를 마시고는 드디어 여러 사람의 의사를 어기고 말을 채찍질하여 앞으로 나아가니, 돌길이 꽤 험하고도 좁았다. 5리쯤 가니 큰 언덕이 있었는데 이름이 중산으로, 대개 관원들이 산을 오를 적에 말에서 내려 가마를 갈아타는 곳이었다.[112]

긴 길을 걸어 올라가 결국은 한라산 정상인 백록담에 오른다. 한라산 정상은 흰사슴(白鹿)이 이곳에 떼를 지어서 놀면서 물을 마셨다는데서 백록담이라는 이름이 붙여졌다고 하고 옛날 신선들이 백록주(白鹿酒)를 마시고 놀았다는 전설에서 백록담이라 부르게 되었다는 설도 있다.

여기에 이르러서 갑자기 중앙이 움푹 팬 구덩이를 이루었는데 이것이 바로 백록담이었다. 주위가 1리를 넘고 수면이 담담한데 반은 물이고 반은 얼음이었다. 그리고 홍수나 가뭄에도 물이 줄거나 불지 않는데, 얕은 곳은 무릎이, 깊은 곳은 허리에 찼으며 맑고 깨끗하여 조금의 먼지 기운도 없으니 은연히 신선이 사는 듯하였다. 사방을 둘러싼 산각들도 높고 낮음이 모두 균등하였으니 참으로 천부(天府)의 성곽이었다.[113]

그리고 영실로 하산을 하였다. 영실기암과 오백장군은 예나 지금이나 사계절 내내 기암괴석과 울창한 수림이 어울려 빼어난 경치를 자랑한다. 그래서 최근 문화재청은 한라산 천연보호구역 내에 있는 영실기암과 오백장군을 국가지정문화재인 명승 제84호로 지정했다.

또 10리를 내려와서 영실에 이르니 높은 봉우리와 깊은 골짜기에 우뚝우뚝한 괴석들이 웅장하게 늘어서 있는데 모두가 부처의 형태였으며 백이나 천 단위로는 헤아릴 수가 없었다. 이는 바로 천불암 또는 오백장군이라고도 불리는 곳으로 산남에 비교해 보면 이곳이 더욱 기이하고 웅장하였다. 그리고 산 밑 길가에는 얕은 냇물이 바다로 흘러 들어가고 있었는데 다만 길가에 있었기 때문에 매우 얕게 드러나 있었다. 풀밭에 앉아서 얼마쯤 쉬다가 이윽고 출발하여 20리를 걸어 서동의 입구를 나오니 영졸들이 말을 끌고 와서 기다리고 있었다. 인가에 들어가서 밥을 지어 요기를 하고 날이 저물어서야 성으로 돌아왔다.[114]

면암 유배길

　한라산은 오르기에 결코 만만한 산이 아니다. 면암도 갖은
고초를 겪으면서 정상에 오르는 과정과 보고들은 경치들을
사실적이고 비판적으로 서술하고 있다. 정상에 올라서 바라
본 산의 광대한 스케일의 흥취 또한 명시와 명구를 이용하여
묘사하였다.

　그는 산 아래에서 보는 한라산과 정상에 오른 후에 본 한
라산의 극명한 차이를 정상에서 발견하고는 그 느낌을 다음
과 같이 표현하였다.

이 봉우리는 평평하게 퍼지고 넓어서 그리 까마득하게 보이지는 않았지만, 위로는 별자리를 핍박하고 아래로는 세상을 굽어보며, 좌로는 부상(扶桑)을 돌아보고 우로는 서양을 접했으며, 남으로는 소주(蘇州)·항주(杭州)를 가리키고 북으로는 내륙을 끌어당기고 있었다. 그리고 옹기종기 널려 있는 섬들이 큰 것은 구름만 하고 작은 것은 달걀만 하는 등 놀랍고 괴이한 것들이 천태만상이었다.[115]

그는 정상에서 사방을 조망한 이 느낌을 맹자의 바다를 본 자는 다른 물은 물로 보이지 않고 태산에 올라 천하를 작게 여겼다는 구절에 빗대어 성현의 역량을 가히 상상할 수 있다고 하였다. 게다가 소동파를 만약 여기에 먼저 오르게 했더라면 「적벽가」의 이른바 "허공에 떠 바람을 몰고 신선이 되어 하늘에 오르리라"는 시구를 어찌 적벽에서만 읊는데 그쳤겠느냐며 절찬하고 있다. 그가 한라산을 올랐을 때가 유배에서 풀린 직후라 마음에 거리낄 것 없는 기상이 발동하였음을 짐작할 수 있다.

결국 그는 주자가 젊었을 때 형산(衡山)에 올라 술을 마시고 내려오며 읊었다는 「취하축융봉(醉河祝融峰)」의 한 구절인 "낭랑히 읊으며 축융봉을 날아내리다"(朗吟飛下祝融峰)를 읊조리며 백록담에서 조망을 마무리 한다. 주자의 이 시가 아마도 당시 면암이 한라산에서 처했던 상황과 너무나 맞아떨어져 그 호탕하고 장쾌한 기운이 절로 느껴지는 대목이다.

면암 유산기(遊山記)의 진수는 여정 뒤에 쓴 의론이다. 즉 그는 한라산의 지리학적 발생 근거를 시작으로 산의 명칭에 대한 유래, 산의 형국 등을 상세하게 기록하고 있다. 이로 인해 그의 유산기는 이전의 다른 한라산 유산기에 비해 매우 독특하고 새로운 지평을 열었다고 할 수 있다.

대개 이 산은 백두산을 근원으로 하여 남으로 4천 리를 달려 영암의 월출산이 되고 또 남으로 달려 해남의 달마산이 되었으며, 달마산은 또 바다로 5백 리를 건너 추자도가 되었고 다시 5백 리를 건너서 이 산이 된 것이다. 이 산은 서쪽으로 대정현에서 일어나 동으로 정의현에서 그치고 중간이 솟아 절정이 되었는데, 동서의 길이가 2백 리이고 남북의 거리가 1백 리를 넘는다.[116)

면암은 한라산이 뻗어나온 맥이 백두산에 뿌리를 두고 있다고 보았다. 그는 이 산이 백두산을 근원으로 하여 남으로 영암의 월출산 해남의 달마산을 거쳐 추자도로 이어져 이 산이 되었다고 하였다. 앞서 이형상도 그의 유산기에서 한라산의 근원이 물에서부터 들어온 것이라 바람이 치고 파도가 삼켜 지금은 바닷물이 들고 나는 사이라 하더라도 기맥이 연락되고 있다고 보았다. 그러나 이형상이 그 구체적인 연결고리를 거슬러 오르지 않은 반면 면암은 명료하게 제시해 놓았다.

산의 이름과 유래에 대해서도 이전의 지리지나 여러 문헌에서는 볼 수 없었던 내용을 추가하였다 은하수에서 잡아당긴다(漢拏)는 이름 외에도 한라산은 여러 이칭을 가지고 있다. 『신증동국여지승람』 제38권 제주목 산천(山川) 조에는 한라산이란 이름 외에 두무악(頭無岳), 원산(圓産)으로 기록되어 있다. 이원진의 『탐라지』 제주목 산천 조에는 부악(釜岳)이란 이름이 더 수록되어 있다.

기존에 불리던 이름들은 모두 한라산의 외형이나 옛이야기에 근거를 둔 이름들일 뿐이다 면암은 산에서 들은 "탐산(耽山)"이라 명칭을 더 추가하였다. 산의 성품이 욕심이 많아 그해 농사의 풍흉을 관장된 자의 청탁으로 가려내며 이국의 선박이 와서 정박하면 모두 패하여 돌아가기 때문에 탐산이라 한다는 것이다. 탐산이란 이름과 유래는 면암의 유산기에 처음 등장한 것이 아닌가 한다.

화북 포구

면암 유배길

면암이 탐산이란 이름에 의미를 부여한 것은 당시 목민관으로서의 수령의 책무와 외세의 침탈로 병든 19세기 조선의 상황을 누구보다도 깊이 인식하고 있었기 때문일 것이다. 즉 면암은 한라산 자락에서 농사짓고 살아가는 제주백성들과 관장의 정치, 외적의 침입 등 삶의 현장을 그대로 산의 성품에 의탁하여 한라산이 제주인의 삶에 수호신의 역할을 하는 영산임을 밝힌 것이다.

특히 산의 형국에서 파생된 인문환경에 대해 피력한 견해에서는 그가 한라산과 제주인의 생활에 대해 얼마나 많은 관심을 가졌는지 알 수 있다. 한라산은 예로부터 그 형국이 동마(東馬), 남불(南佛), 서곡(西穀), 북인(北人)이란 말이 있는데 면암은 이를 풍수지리상의 형국설로 유사점을 자세히 풀어놓고 있다. 곧 산세가 구부러졌다 펴지고 높아졌다가 낮아졌다 해서 마치 달리는 듯한 것은 부처와 비슷하며 평평하고 광막한 곳에 산만하게 활짝 핀 듯한 것은 곡식과 유사하고 북을 향해 껴안은 듯한 산세가 곱고 수려함은 사람과 비슷하다고 하였다. 그래서 말은 동쪽에서 생산되고 불당은 남쪽에 모였으며 곡식은 서쪽에서 잘되고 인걸은 북쪽에서 많을뿐더러 나라에 대한 충성심도 각별할지 모른다고 덧붙였다.[117)]

면암은 겨우 1년 3개월여 동안 제주에서 유배생활을 한 것에 불과했지만 제주의 실정과 한라산의 진가를 정확히 꿰뚫고 있었다. 그가 유산기를 마무리하며 쓴 글을 읽노라면 구한말 깨어 있는 지식인의 추상같은 기상과 제주와 한라산에 대한 애정을 담뿍 느낄 수 있다.

이 섬은 협소한 외딴섬이지만 대해의 지주(砥柱)이며, 3,000리
우리나라의 수구(水口)며 한문(捍門)이므로 외적들이 감히
엿보지를 못한다. 그리고 산과 바다에서 생산되는 진귀한
음식 중에 임금에게 진공(進供)하는 것이 여기에서 많이 나
온다. 공경대부와 백성들이 일상생활에 소요되는 물건과
경내 6, 7만 호가 경작하고 채굴하는 것도 이곳에서 자급자
족이 된다. 그 이택(利澤)과 공리가 백성과 나라에 미치는 것
이, 금강산이나 지리산처럼 사람에게 관광을 제공하는 산
들과 함께 놓고서 말할 수 있겠는가. 다만 이 산은 궁벽하게
바다 가운데 있어서 청고하고 기온도 많이 차므로, 지기가
견고하고 근골이 강한 자가 아니면 결코 올라갈 수가 없다.
그리하여 산을 올라간 사람이 수백 년 동안에 관장 몇 사람
에 불과했을 뿐이어서 옛날 현인들이 거필로는 한 번도 그
진면목이 발휘된 적이 없다. 그런 까닭에 세상의 호사자들
이 신산이라는 허무하고 황당한 말로 어지럽힐 뿐이고 다
른 면은 조금도 소개되지 않았으니, 이것이 어찌 이 산이 지
니고 있는 본연의 모습이겠는가.[118]

면암은 이처럼 우리 국토가 차지하는 한라산의 비중을 높
이 평가했다. 제주의 위상을 외세를 막는 국토의 중요한 지
리적 요충지로 격상시켰을 뿐만 아니라 한라산을 백성들의

생활에 없어서는 안 되는 삶의 터전으로 인식한 것이다. 이는 구한말 위정척사파의 선봉에 섰던 의기어린 애국지사의 풍모와 함께 그가 추구하였던 선비정신의 궁극처가 어디에 있었는지를 돌아보게 한다.

제주도를 떠나면서

면암은 1875년 4월 12일 화북포구에서 어둑어둑할 때 배를 띄워 제주도를 떠나 이틀을 걸려 전남 이진에 도착한다. 이때 문인 김희정과 관인(館人) 윤기복이 동행하였다. 제주도를 떠나면서 쓴 시가 있다.

별도진 (別刀鎭)에서 배를 타면서 을해년

낙도에서 몇 해를 세상과 등졌던가
초여름 좋은 풍경 우로마저 새로워라
산 안개 걷히고 파도는 고요하여
한바탕 장유하는 사람 되었구려

저 표묘한 한라산 깨끗도 한데
백록담 영구실 더욱더 새롭구나
나 같은 신세 어찌 산수의 즐거움 알랴만

그래도 먼 데를 구경했다 자랑하리[119]

면암의 영향과 국권수호를 위한 총궐기

1906년 면암은 개화정책에 반대하고 일본의 국권 침략에 항거하여 의병을 일으켰다가 결국 쓰시마섬에 붙잡혀가서 74세로 죽음을 맞는다. 을미조약 이후 전국적으로는 여러 의병운동이 있었지만 제주도에는 아직 이렇다 할 활동이 없었다. 그러나 면암이 74세의 나이로 태인에서 거병하였다가 순창에서 잡혀 결국 쓰시마섬에 끌려가 순국하였다는 소식은 제주의병운동을 점화시키는 결정적 동기가 된다.

면암이 쓰시마섬에서 감금된 지 4개월 남짓 만에 세상을 떠나자 유림들은 '춘추대의일월고충(秋大義日月高忠)'이라고 써서 높이 걸었고 수만 명이 찾아와 초량에 도착한 시신 앞에서 애곡 하였던 까닭에 30여년 전부터 인연을 맺고 있던 제주 문사들이 그 소식을 외면할 리 없었다.

면암의 순국 소식에 자극을 받은 제주유림 고사훈, 이석공, 김석윤, 조인관, 노상옥 등은 고종이 퇴위되고 군대가 해산을 당한 것을 계기로 1908년 의병운동을 도모하게 된다. 결국 면암의 제주교학활동은 제주의병운동을 가능케 하기 위한 자양이었던 셈이다.

그들은 전라도 장성에서 의병을 일으킨 기정진의 손자 기

문연사·조설대

우만(禹萬), 기삼연(奇參衍)과 연결되어 비밀리에 대장간을 차려 놓고 무기를 준비하는 한편 의병을 모집하여 조련을 하기 시작하였다.

이때 그들이 돌린 격문은 비장하기 이를 데 없다.

사람이 세상에 태어나서 가장 소중한 것은 국은에 대한 충성이요, 부모에 대한 효도다. 만약 자식으로서 부모의 곤궁함을 구하지 못하면 불효요, 나라의 위급함을 걱정하여 나서지 않으면 불충이 되는 것이니 이는 금수와 다를 바가 없다. 지금 교활한 왜적이 병자년이래 감언이설과 강압으로 침략의 마수를 뻗치더니 을사조규로 나라의 주권을 강탈하려 하고 있다. 이제 우리 눈앞에는 왜적의 무리가 강산을 짓밟고 있으니 그대로 두면 이 강토를 송두리채 삼킬 것이요, 우리들은 왜적의 노예가 될 터이니 이 어찌 좌시할 수 있으랴. 오호라! 천도가 무심하리오. 경향 각지의 충의지사들은 국권수호를 위하여 궐기하였다. 우리 제주민도 진충보은하고 자손 만대에 선롱(先隴)을 지키게 할 때가 왔도다. 피 끓은 충의지사는 죽음으로써 왜적을 격퇴하여 국운을 회복하고 성은에 보답할 자는 의성을 합창하여 삼천리 금수강산을 지키는 데 생사를 같이 한다면 이보다 다행하고 이보다 더한 충효가 어디 있으랴. 열혈의 충의지사여, 팔뚝을 걷어 부치고 총궐기하라.[120]

그러나 왜경에 의해 의병의 집결지가 기습 공격당하여 고승천과 김만석은 체포되고 총살당함으로써 제주도 의병운동은 끝이 난다.

격문에서 보듯이 면암의 순국이 제주문사들에게 의병운동의 이념을 배가시켜 주었다면 노사 기정진의 손자인 의병대장 기우만은 다른 한편으로 제주의병운동의 현실성을 강화시켜주었다고 할 수 있다. 여기서 주목하게 되는 것은 제주의병운동이 화서학파와 노사학파의 전통 아래서 이루어졌다는 사실이다.

그런데 노사의 척사논의는 그 뒤 사상사적 계보가 이루어지지 못하였지만 화서의 척사논의는 그의 문인들에 의해 이어지고 특히 면암에 의해 척사운동으로 확산된다. 그런데 제주도에서의 의병운동을 보면 면암의 영향은 물론이며 노사학파의 척사논의 마저 노사의 손자인 기우만을 통해 제대로 전달받고 있음을 알 수 있다.

또 다른 제주도 항일운동으로 비밀결사 집의계(集義契)가 있다. 집의계는 면암이 제주유배 때 왕래 종유했던 제주문사 이기온의 아들인 이응호가 주도한 모임으로서 1910년 한일합방으로 기울어져 가는 국운을 바로 잡기 위하여 결사항쟁을 맹약한 일종의 비밀결사이다. 집의계에는 이응호를 비롯하여 김좌겸, 김병로, 김병구, 김이중, 서병수, 고석구, 김석익, 강철호, 강석종, 임성숙, 김기수 등 12명의 제주문사들이 뜻을 같이 한다.

12명 가운데 이응호는 노사 기정진의 문인인 고성겸의 제자이기도 했지만 면암의 영향을 가학으로 승계하고 있었다. 그런가하면 강철호는 면암과 직접 왕래 종유했던 사람이며 김병로는 이기온의 제자로서 모두 면암의 영향이 컸던 제주 문사들이다. 그리고 김좌겸은 추사 김정희의 종유자였다. 이로써 보건대 집의계 결성 역시 화서학파와 노사학파의 전통 아래서 가능했음을 알 수 있다.

> 무릇 사람이 인간으로 태어났다면 천지를 공경하고 신명을 숭례하며 충군애국하는 것이 사람으로서의 떳떳한 길이다. 이것이 우리 선조들의 유명이거늘, 슬프다. 우리 태조께서 조선을 건국하신 지 3백여 년이 흘러오는 중엽에는 왜국과 청국의 침입으로 고난을 받아왔다. 이제 고종 광무에 이르러서는 수고당(守古黨), 개화당의 분쟁과 간신 모리배의 집권으로 말미암아 국력이 쇠진했다. 왜구는 그 시기를 타서 광무 9년 을사보호조약을 체결하게 된 것이다. 이게 합방의 흉계임을 알게 되고 장성의 기우만의 의거를 일으킨 때를 맞추어 동지 약간인과 더불어 의논하고 집의계를 결성하는 바이다. [121]

집의계 취지문에서 보듯이 그들은 체제의 자강이라는 기조 위에 척사논의를 강력하게 제기한다. 그들의 민족의식은 제주의병운동이 그러하듯이 주자학적 화이론에 연결된 차

등적 배타의식이 성숙하여 외세라는 변수를 맞이하여서는 민족적 역사실천의식으로 심화된 자주독립사상이었다.

조선의 교학질서는 지역적 이유와 자파 세력의 확립을 모색한다는 매우 현실적이고도 구체적인 이유 때문에 영남학파와 기호학파로 크게 대별된다. 유파와 계보적 정통성을 이룬다는 견지에서 그들 학파나 학통에 대한 사림의 집착은 매우 대단한 것이었다. 즉 각기 다른 계기 또는 다른 장소에서 개별적으로 혹은 산발적으로 사제관계를 맺었음에도 불구하고 그들 간의 유파적 연대의식은 매우 강인했다.

그런데 제주도의 경우 조선조 교학질서의 전체적인 분위기와는 이질적인 면모를 보여준다. 제주사림들은 영남학파나 기호학파 등, 특정 유파와 계보적 정통성과는 상관없이 어느 분위기와도 쉽게 동화한다는 사실이다. 그것은 학문적 풍토가 천박한 상황에서 유배인들의 내도했을 때 유파나 계보에 상관없이 그들과 교학적 관계를 맺을 수밖에 없었던 제주도 특유의 사정 때문이었다.

간옹 이익의 후손으로서 집의계를 주도했던 이응호의 가학적 배경은 그것을 실증하는 하나의 예이다. 간옹 이익은 퇴계 이황의 제자 한강 정구와 절친한 사이로서 영남학파의 인물이다. 그는 제주도에 유배를 와서 후손을 만드는데 그 가운데 이중발은 희빈 장씨가 중전에 앉게 되자 이의 부당성을 지적하는 상소를 올렸다가 숙종에 의해 제주도에 유배를 당하게 된 김진구에게 가르침을 받는다. 김진구는 송시열의

문인인 김만기의 제자로서 당대 의리학파의 맥을 잇는 인물
이다. 그런가하면 이응호의 부친인 이기온은 노사 기정진에
게 공부를 했고 면암과 종유했는가 하면 이응호는 노사학파
의 고성겸에게 기호의 학풍을 전수 받는다. 이해의 편의를
위하여 그 갈래를 참고적으로 그려보면 다음과 같다.

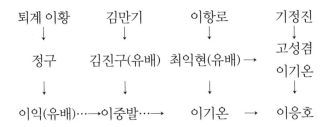

이응호의 가학적 전통은 바로 제주도의 특이한 교학질서
의 예를 보여주는데 영남학파와 의리학파, 기호학파의 영향
이 혼재된 양상을 보여준다. 물론 이 과정에는 어떤 유배인
과 접촉을 했었느냐 하는 것이 문제의 관건이다. 그러나 조
선후기에 들어서는 제주문사들이 직접 출륙하여 내륙의 거
유들과 사제관계를 맺는 경우도 많이 생김에 따라 그들의 출
륙이 제주의 교학질서 형성에 또 다른 요인이 된다. 이응호
의 스승인 고성겸의 경우 장성의 기정진을 찾아가 사제관계
를 맺은 것이 그 같은 경우이다.

이로써 보건대 면암의 제주교학활동 의미는 우선 한말도
학의 양대 산맥 중 하나인 화서학파의 학풍을 전파하는 계기

가 되었는가 하면, 이러한 화서학파의 척사논의가 제주도의 항일운동으로 계승, 발전하는데 결정적인 공헌을 하였다는 사실이다. 제주도의 교학질서가 조선후기에 들어서면서 기호학풍에 의존하게 된 것도 면암의 제주유배와 결코 무관한 일이 아니다.

면암 최익현은 화서학파로 대별되는 한말도학 척사론의 거유로서 대원군을 탄핵하는 상소로 제주도에 유배된다. 조선말기 시대의식에 따른 면암의 저항적 의리론은 일군의 제주문사들에게 결정적인 영향을 끼침으로써 조선말기의 제주도 교학질서의 쇄신에 결정적인 역할을 한다.

대개의 제주도 유배인들은 문화엘리트로서 당대의 지식인이었으므로 그들의 입지 자체가 강도 높은 교학적 자극일 수밖에 없었다. 더욱이 면암 최익현은 유배인의 처지에도 불구하고 제주문사들과의 교호를 적극적으로 관계함으로써 조선조 제주교학질서의 정맥을 형성하는데 큰 기여를 하게 된다.

성리학의 본령이 주체성의 회복(克己復禮)에 있음에도 불구하고 조선말기의 정신사는 공론의 논쟁으로 마감할 수밖에 없었던 당대의 정치사회사적 맥락 안에서 면암의 척사론은 당당한 저항의 이데올로기였으며 그의 제주교학활동은 그러한 이데올로기의 현실화를 위한 수고였다.

면암 유배길

1) 金靜, 『沖庵集』, 沖庵先生集年譜, 方是時…先生與靜…以堯舜君民爲己
任知無不言言無不盡如講明小學書以敦蒙養刊行鄕約以敎民彝罷昭格
署以正祀典設賢科以籲俊乂削濫勳以杜幸門之類是也

2) 金靜, 『沖庵集』, 卷之三, 遣懷, 海國恒陰翳 荒村盡日風 知春花自發 入夜
月 臨空 鄕思千山外 殘生絶島中 蒼天應有定何 用哭途窮

3) 金靜, 『沖庵集』卷之四, 「濟州風土錄」, 然男兒落地橫截巨溟足踏此異區
見此異俗亦世間奇壯事蓋有欲來不得欲止不免者似亦冥數前定何足與
焉]

4) 金尙憲, 南佳錄, 耽羅文獻集, 濟州道敎育委員會, 1976, 46쪽.

5) 金靜, 『沖庵集』卷之四, 「濟州風土錄」, 骨肉隔絶親知悠緬昔時遊從凋喪
已多天外孤身幾嘗世故尋常處心固未嘗不怡然順理而忽然念到亦未嘗
不悵然以感也

6) 金靜, 『沖庵集』卷之四, 「濟州風土錄」, 若有高僧辨口怳以天堂地獄似亦
不爲無助而土之僧徒皆畜妻村居頑如木石若如巫鬼者嚇人餠酒亦利之
歸耳。

7) 金靜, 『沖庵集』卷之三, 題僧軸이라는 시에 僧名月侃自京山渡海索詩
云이라는 설명을 보면 알 수 있다.

8) 金靜, 『沖庵集』卷之四, 「濟州風土錄」, 日各以漁利爲事毫縷細故皆有贈
賂不知廉義爲何事以强制弱以暴劫仁不下君示以故官員貪如陸閑不以
爲怪有廉義者蚩氓懷其惠而此輩笑其迂若不敎以學文以開其心則永無

移風之期蓋其心深喩於利不知其他有云廉善則以爲不利而深厭之矣

9) 金靜,『冲庵集』, 卷之四, 臨絶辭, 遺慈母兮隔天倫 遭斯世兮殞余身 乘雲氣兮歷帝閣 從屈原兮高逍遙 長夜冥兮何時朝 炯丹衷兮埋草萊 堂堂壯志兮中道摧 嗚呼千秋萬歲兮應我哀

10) 鄭蘊,『桐溪續集』 권2,「成石谷傳」

11) 정온이 정인홍의 문인이 된 것은 31세 때인 1599년(선조 32)이었다. 당시 정인홍은 이미 山林으로서 명망을 지니고 있었거니와 그 또한 정온을 정중하게 대접했다고 한다. (『동계집』「연보」, 만력 28년 6월: 初鄭仁弘受業南冥之門 負山林重望…先生往來其門 仁弘亦敬重焉)

12) 정온 역시 정인홍과 마찬가지로 광해군 즉위에 공헌했다는 사실을 염두에 둔다면 그의 출사는 극히 당연하다. 실제 그는 1612년 9월, 유영경을 탄핵하는데 앞장서서 광해군 즉위에 공을 세운 勳臣으로 인정받은 바 있다.(鄭蘊『桐溪集』,年譜」 만력 40년 10월)

13)『光海君日記』卷75, 6年 2月 甲辰

14)『光海君日記』卷11, 6年 2月 丙午條「兩司語鄭蘊極邊安置」.

15) 鄭蘊『桐溪集』卷2「大靜縣東門內圍籬記」, 萬曆甲寅秋八月日, 漢拏一支 南走百餘里 分爲東西麓 東者曰山方岳也 破古未岳也 西者曰加時岳也 毛瑟浦岳也 直南而至海 列爲松岳山 加波島 磨羅島 皆穹窿突兀 有奇狀甚 破古以爲龍 加時以爲虎 黃茅滿野 去海十里 有孤城周遭者 乃大靜縣也

16)『光海君日記』卷58, 4年 10月 壬申

17)『典律通補』, 推斷條

18) 鄭蘊『桐溪集』卷2『大靜縣東門內圍籬記 萬曆甲寅秋八月日』,北東南三
面 皆接簷 全不見天 由西方見之者若坐井者然 籬之內 東西常有餘尺
南北居三之二 向南作板門 西傍置小毅 所以通飮食也 入圍籬時 金吾
郎具冠帶 據轎床坐門外 令羅將挈我入置 閉其門封之

19) 鄭蘊『桐溪集』附錄, 卷之一, 許穆, 時宋象仁, 李澯 皆得罪 遷謫至此
宋象仁彈棋 李澯學琴 以暢其壹鬱 而公常讀書

20) 鄭蘊『桐溪集』附錄, 卷之一, 許穆,『桐溪先生行狀』於是訂經史 撫前言
上自殷之末世 下至南末 其間聖人賢人之困厄憂患 心危慮深 不失其正
者凡五十有九人 輯爲德辨錄以自省 又作元朝自警箴

21) 鄭蘊『桐溪集』附錄, 卷之一, 許穆,『桐溪先生行狀』於是訂經史 撫前言
上自殷之末世 下至南末 其間聖人賢人之困厄憂患 心危慮深 不失其正
者凡五十有九人 輯爲德辨錄以自省 又作元朝自警箴

22) 鄭蘊『桐溪集』卷2,『大靜縣東門內圍籬記 萬曆甲寅秋八月日』, 太守爲
吾作書室二間 背東面西 東距城堞僅四五尺 西有橘林 籬高僅見樹梢

23) 인조반정 이후 중앙 정치무대에서 활약한 남명의 문하이자 '북인의 후
예'로는 정온 말고도 여러 명이 더 있다. 文緯, 李大期, 姜翼文, 박문영,
林眞怤, 姜大遂 등이 그들로서 그 가운데 가장 고위직까지 올랐던 사
람은 단연 정온이었다.

24) 그럼에도 지금까지 '남명학파의 2세대'라 할 수 있는 정온에 대한 연
구는 별로 없었다. 다만 李相弼 교수의 논문에서 '義의 실천자'로서 정
온을 평가한 부분이(『南冥學派의 形成과 展開』: 고려대 국어국문학과
박사학위 논문, 1998, 157~161쪽) 거의 유일한 것이다.

25) 전웅,『유배, 권력의 뒤안길』, 청아출판사, 2011, p.193

26) 李健,「濟州風土記」, 金萬鎰之馬 多至數千匹 不可紀數 每新官之入去

也 首徵遞任進上馬於萬鎰 三年喂養習才 而臨遞時進獻

27) 李健,「濟州風土記」, 萬鎰恐其絕種 擇駿馬可以取種者 或盲其目 或割其皮與耳然後 乃能保存其馬而取種

28) 鄭蘊『桐溪集』, 附錄 卷之一, 許穆, 時宋象仁, 李溟 皆得罪 遷謫至此 宋象仁彈棋 李溟學琴 以暢其壹鬱 而公常讀書

29) 한명기,『광해군』, 역사비평사, 2009, 290쪽.

30) 李健,「濟州風土記」, 如是採取 應官家所徵之役 以其所餘 典賣衣食 其爲生理之艱苦 已不足言 而若有不廉之官 恣生貪污之心 則巧作名目 徵索無算 一年所業 不足以應其役 其官門輸納之苦 吏胥舞奸之弊 罔有紀極 況望其衣食之資乎 由是之故 若値貪官 則所謂潛女輩 未有不丐乞者

31) 李健,「濟州風土記」, 最苦者粟飯也 最畏者蛇蝎也 最悲者波聲也 以至於日下之消息 鄕關之音信 付之夢魂之外 無路可聞 疾病之來 只自束手待死 無以致鍼藥之方 此實通國之罪地 人所不堪之處 國家所以放逐有罪人於此地 深得其宜也

32)「艮翁遺稿」

33) 八十三歲翁 蒼波萬里中 一言胡大罪 三黜亦云窮 北極空瞻日 南溟但信風 貂裘舊萬恩在 感激泣弧

34)「尤庵宋先生謫廬遺墟碑」, 嗚呼惟此濟州東城內山底洞卽尤庵宋先生棘遺墟也先生以己巳三月入來 踰月被逮而去受後命於中途遺墟始以州吏金煥心之家火于甲辰今已煙廢爲田辛卯春權公震應疎陳先生志事安置大靜旣蒙宥從州人士訪遺墟而得之歎已先生盛德大業未及百年遺 己難尋豈非士林之羞乎遂議于三邑章甫立短碑以識之牧使梁候世絢助成焉故老相傳先生存棘中無所事惟取州校經籍裡嘗出行

239

果脯具酒爲文使其疇錫祭橘林祠一日扶杖而循庭手自種薑於隙地此
皆可備故事故附記焉崇禎三壬辰二月日後學金亮行識李克生書

35) 金萬重,『西浦集』券6

36) 金春澤,『北軒集』, 則東隣於日本 西接乎江浙 黿鼉蛟龍之並居 煙嵐霜
雪之雜處 鳥言皮服之與往來 魑魅魍魎之相追逐 蓋莫窮於天下

37) 金春澤,『北軒集』水拆三分國 天排八字山 驪驪盈野牧 橘柚滿秋澨 杵
唱聞朝暮 商帆報往還 獨憐滄海月 流影照長安

38) 趙貞喆,『靜軒瀛海處坎錄 』, 牧使金蓍耇自來兇南也 一自下船之日 己
有殺余之意 以五十疋綿布 第一等任事懸賞而開告密之門 終無可罪之
端 則遂至着氈笠 親自出沒而極矣 乃與其徒判官黃鱗采 雄唱雌和 同
惡相濟 勤致一少妓免賤家居者 以出入余謫之罪 別造如杖之杖打 至七
十之數 骨碎筋斷而死 事甚驚慘 漫書一絕 辛丑閏五月十五日也 辛丑

39) 趙貞喆,『靜軒瀛海處坎錄』,「題洪娘墓」,瘞玉捫香奄幾年 誰將爾怨訴蒼
天 黃泉路邃歸何賴 碧血藏深死亦緣

40) 高宗實錄 34卷, 33年(1896 丙申) 4月 18日(陽曆) 法部, 依詔勅宣告後, 定
配所: "徐周輔、鄭丙朝、金經夏、李台璜、李範疇, 濟州郡; 鄭萬朝, 金甲島;
禹洛善, 白翎島; 全晙基, 黑山島; 洪祐德監禁處所, 楸子島"上奏

41) 金允植,『續陰晴史』, 濟州文化院, 196쪽.

42) 金允植,『續陰晴史』, 濟州文化院, 17쪽.

43) 金允植,『續陰晴史』, 濟州文化院, 34쪽.

44) 金允植,『續陰晴史』, 濟州文化院, 95쪽.

45) 金允植,『續陰晴史』, 濟州文化院, 95쪽.

46) 이때 28개교의 公立普通學校가 설치된다. 小田省吾,『朝鮮敎育制度史』, 朝鮮史學會, 1923, 71~72쪽, 參照.

47) 「사립 제주의신학교비 기본금 捐義文」

48) 崔益鉉,『勉菴集』,「耽謫顚末」, 迨余挾書之初也 不知其不肖 摠煩勤恤 首以石潭先生要訣等書敎之 而於立志一章 尤三致意焉 又手書洛敬閩直四大字以授之

49) 崔益鉉,『勉菴集』,「耽謫顚末」, 余釋褐 往拜老先生於三浦江上 則敎曰 君明經登高科 變布韋爲朝士 是便移其命矣 自此做至宰相 亦其例事 須讀書勤業 以基異日需用可也 但被人誘脅 輕事論駁 功須愼之

50) 崔益鉉,『勉菴集』,「耽謫顚末」, 又親敎常日爲人臣 當可言之地 有可言之事 而舍嚅泯黙 徒竊廩 可恥之甚也

51) 崔益鉉,『勉菴集』,「耽謫顚末」, 小子戇愚 摠忝食祿 尺疏披肝 斷置禍福 發言盈 縲絏就鞫 刀鋸桁楊 命在遲速 悔外假息 感戴 聖眷 困窮增益 伊恩非譴 三歲圍蔀 日月覆盆

52) 崔益鉉,『勉菴集』,「耽謫顚末」, 物議沸勝 三相請對 臺閣齊發 期欲置辟 繫之以縲絏 威之以捕廳禁府而極矣 南間屋制 四壁無堗 惟向北一隅 懸數尺板門 門外懸搖鈴十餘介 引之使相薄而成聲 勿使外言入耳 罪人防守 著以大枷 桎手械足

53) 崔益鉉,『勉菴集』,「耽謫顚末」, 人定時金吾一行 來促發程 遂度銅雀津 踰南泰嶺 至果川邑底 則鷄旣鳴矣 一行之隨後者 爲風雪泥濘所逼 擧無人色 遂討一室 煖酒禦寒 暫爲假寐 因以行具 之未備留一日

54) 崔益鉉,『勉菴集』,「耽謫顚末」, 可恨行至水原 判官鄭光始 饋點心 至天

安 郡守李恒信 饋朝飯 柳老人官五 致三兩錢十貼藥 至泰仁 縣監趙重
植饋點心 至井邑縣監張福遠 再三遣吏存訊 至長城 府使鄭善始 (故相
晚錫氏孫) 饋兩日朝夕 至羅州 牧使宋寅玉 饋朝夕 營將李德純 同鄕知
舊也 以路費懇焉 則贐五十緡 至靈巖德津店 同宗景文來待 亦以三兩
見助 至郡主倅具然植 供朝夕 士人朴魯相 一郡望士也 被衰來見 暫爾
叙話 自此至康津及梨津 皆官供

55) 崔益鉉, 『勉菴集』, 「耽謫顚末」, 漢挐山一點 積水渺茫中 愧乏元城操 肯
嫌屈子窮 光迎蓬海月 香襲橘林風 萬里君親遠 緣何罄素衷 遊遠男兒
事 八荒亦室中 北瞻天極逈 南渡地形窮 百念都成水 一帆但信風 巴翁
當日事 徒激後人衷

56) 崔益鉉, 『勉菴集』, 「耽謫顚末」, 留二日 始得一櫓行七十里 泊所安島 夕
食後 因憊就席 已而篙師報有風可發 聞鷄鳴登 及至半洋 水疾大作 (精
神有餘而翻五臟翻覆四體不找) 漫不知何事

57) 崔益鉉, 『勉菴集』, 年譜, "十二月乙亥丁丑登船櫓行七十里抵所安島戊
寅鷄鳴發船巳時到泊濟州朝天浦"

58) 崔益鉉, 『勉菴集』, 「耽謫顚末」, 至朝天浦 日方巳時量 擡眼矖陽 少爲止
息 試以望焉 則漢挐一枝 橫庶南方 三面大海 渾無涯際 眞異界也

59) 崔益鉉, 『勉菴集』, 제15권, 서(書) 종제(從弟) 구옥(九玉) 정현(鼎鉉) 에
게 보냄

60) 『燕行錄選集』 「漂海錄」 "我州邈在大海中 水路九百餘里 波濤視諸海 尤
爲洶暴 貢船商舶 絡繹不絶 漂沒沈溺 十居五六 州人不死於前 則必死
於後 故境中男墳最少 閭閻之間 女多三倍於男 爲父母者 生女則必曰
是善孝我者 生男則皆曰 此物非我兒 乃鯨鼉之食也"

61) 崔益鉉, 『勉菴集』, 年譜, "己卯入府內定館于尹奇福家都事及本官李宓
熙來監圍籬供饋等物自本官繕之"

62) 崔益鉉, 『勉菴集』, 「耽謫顚末」, 進至城內尹奎煥家 金吾與本官 監臨圍
籬 鎖之以金 臘月五日也 萬念都消 勢將安之 若命焉 蓋目始發之日 天
日淸明 都事與府屬 皆善邊人 到底顧護 二千水陸 十分利涉而無顚沛
苟究其由則 主上之恩 朝廷之賜也

63) 『면암 최익현선생 편지집』, 면암 최익현선생숭모사업회, 2009, 25쪽

64) 崔益鉉, 『勉菴集』, 「耽謫顚末」, 野氓干時政 朝著不從容 衆咻如鼎沸 三
司曁百工 所以人心變 多在禍色中 君獨奚取我 有若乃己恫 王事日靡
鹽 萬里駕遠風 路迷嶺雪白 衣濕江雨濛 隱憂駭機作 聲說行資窮 凡屬
疑謗處 眷眷一始終 纔涉瀛洲境 棘我城之東 沐浴炎瘴窟 坐臥魑魅叢
猶有未盡慮 勸我做盲聾 杜門耽書籍 莫與外人通 恩霈當有日 世或誦
令公 此意良已勤 偶若知友逢 願君無嗟勞 吾當保吾躬 耿耿一段懷 君
我親在同 我留君先去 眶淚自感衷

65) 崔益鉉, 『勉菴集』, 年譜, "先生杜門燕居日將朱子書楮環韻讀又借校宮
所儲尤菴集日帙潛心玩索頓忘湘累又苦"

66) 『朱子語類』, 卷10, "爲學讀書須是耐煩細意去理會切不可粗心若日何
必讀書自有个捷徑法便是懊人底深抗也未見道理時恰如數重物色包
裏在裏許無緣可以便見得須是今日去了一重又見得一重明日又去了
一重又見得一重去盡皮方見肉去盡肉方見骨去盡骨方見髓使粗心大
氣不得"

67) 梁鎭健, 『그 섬에 유배된 사람들』, 文學과知性社, 1999, 參照

68) 李恒老, 『華西集』, 附錄 卷9, 5, 年譜, "學者不宗主朱子無以入得孔子門
庭不憲章宋子無以接得朱子統緖"

69) 崔益鉉, 『勉菴集』, 書, 「答永祚甲戌四月十日」, "余閑中看宋書日愧前者
浪度幾之爲見也"

70) 崔益鉉, 『勉菴集』, 書, 「上金重菴甲戌十月二十二日」, "蠢生妄以宋書近
   數朔掛目而未得其領要之萬一幸以讀法數三行下示如何"

71) 『면암 최익현선생 편지집』, 면암 최익현선생숭모사업회, 2009, 59쪽

72) 崔益鉉, 『勉菴集』, 年譜, "三月奉審尤翁謫廬碑由天一亭運籌堂至橘林
   書院舊址"

73) 「尤庵宋先生謫廬遺墟碑」, 嗚呼惟此濟州東城內山底洞卽尤庵宋先生
   棘遺墟也先生以己巳三月入來 踰月被逮而去受後命於中途遺墟始
   以州吏金煥心之家火于甲辰今已煙廢爲田辛卯春權公震瘾疎陳先生
   志事安置大靜旣蒙宥從州人士訪遺墟而得之歎曰已先生盛德大業未
   及百年遺 己難尋豈非士林之羞乎遂議于三邑章甫立短碑以識之牧使
   梁候世絢助成焉故老相傳先生存棘中無所事惟取州校經籍裡嘗出行
   果脯具酒爲文使其疇錫祭橘林祠一日扶杖而循庭手自種薑於隙地此
   皆可備故事故附記焉崇禎三壬辰二月日後學金亮行識李克生書

74) 崔益鉉, 『勉菴集』, 祭文, 「橘林書院遺址祭五先生文」, "推宋文正命世英
   豪陰陽剖判兩段一刀寠寐京周祖述考亭全體大用宇宙塞玄黑水酸褐
   樓經謂朱可侮謂聖可名樹黨植朋幾覆宗枋先生是擺關接廓淸呧柱穎
   波功場洪非一人私爲天下公念諸先生奉循帝命"

75) 崔益鉉, 『勉菴集』, 祭文, 「橘林書院遺址祭五先生文」, "推宋文正命世英
   豪陰陽剖判兩段一刀寠寐京周祖述考亭全體大用宇宙塞玄黑水酸褐
   樓經謂朱可侮謂聖可名樹黨植朋幾覆宗枋先生是擺關接廓淸呧柱穎
   波功場洪非一人私爲天下公念諸先生奉循帝命"

76) 崔益鉉, 『勉菴集』, 書, 「答永祚甲戌十月二十日」, "而以未得親師就友以
   進知見則其爲候損不可說也"

77) 崔益鉉, 『勉菴集』, 書, 「答永祚乙亥二月二十一日」, "只三年離索昔者寸
   進未免尺退遠外歎惜不可言也推除去客念"

78) 崔益鉉,『勉菴集』, 書,「答柳聖存基一甲戌三月」"而至其越海囚棘資益
無地則尤不勝憧憧也"

79) 崔益鉉,『勉菴集』, 書,「上金重菴 甲戌十月二十二日」"矣等恐師門後事
因此遷就而未有其期也"

80) 崔益鉉,『勉菴集』, 書,「上金重菴 甲戌」"千萬實枏上扶斯文下殿諸生區
區伏望耳"

81) 崔益鉉,『勉菴集』, 三姓開荒地 五賢配食場 餘風猶不沬 興感春暉長

82) 崔益鉉,『勉菴集』, 附錄券之一, 年譜, "甲戌三月奉審尤翁謫盧碑由矢一
亭運籌堂至橘林書院舊址拈韻寓懷"

83) 崔益鉉,『勉菴集』, 一宿楚山慷慨多 餘心到此更如何 種薑編禮當年事
猶有清風拂面過 / 右遺墟碑

84) 崔益鉉,『勉菴集』, 江城花落翠屏開 瘴雨蠻風歲幾回 二子三良悽切句
至今徒感後人來 / 右天一亭

85) 崔益鉉,『勉菴集』, 運籌堂闢擅耽羅 左水右山得地形 往事百年無問處
只留傑筆與爭雄 / 右運籌堂

86) 崔益鉉,『勉菴集』, 鱗斧遠侵橘柚陰 摩挲苔迹淚盈襟 却憎從古妄男子
猥拂大同天下心 / 右書院舊址

87) 崔益鉉,『勉菴集』, 年譜, "湖西人孟文浩崔榮煥湖南人崔勝鉉朴海量金
孝煥金衡培安璉煥李弼世皆越海末鍋"

88) 崔益鉉,『勉菴集』,「耽謫顚末」, 獨居無事戶常關 誰識箇中日月閑 一榻
全書堪寓目 三杯薄酒强怡顏 倘非仙子曾前約 肯許名山偶爾攀 莫謂惠
州天上在 鄉音時帶去舟還 盈盈大海始於絲 呑地滔天勢極危 縱稱島俗

殊聞見 自有靈山擅怪奇 隔砌淸香柑半熟入簾秋氣客先知 休道行藏隨
處適 風頭立脚古難持

89) 崔益鉉, 『勉菴集』, 年譜, "島中文士安達三金羲正姜基碩金龍徵金壎金
致瑢金養洙諸人往來從遊"

90) 濟州島敎育硏究院, 『濟州敎育通史』, 1974, 85~102쪽.

91) 『면암 최익현선생 편지집』, 면암 최익현선생숭모사업회, 2009, 73쪽

92) 尹榮善, 『朝鮮儒賢淵源圖』

93) 崔益鉉, 『勉菴集』, 年譜, "門人金羲正舊館人尹奇福陪行"

94) 崔益鉉, 『勉菴集』, 年譜, "門人金羲正舊館人尹奇福陪行"

95) 崔益鉉, 『勉菴集』, 附錄券之一, 年譜, 四月 丁卯 戊寅 黃昏 "發船于別刀
鎭經二晝夜卸下梨津門人金羲正舊館人尹奇福陪行"

96) 『면암 최익현선생 편지집』, 면암 최익현선생숭모사업회, 2009, 41쪽

97) 吳文福, 『瀛州風雅』, 227쪽.

98) 尹榮善, 『朝鮮儒賢淵源圖』, 參照.

99) 崔益鉉, 『勉菴集』, 年譜, 乙解四月條, "門人金羲正舊館人尹奇福陪行"

100) 崔益鉉, 『勉菴集』, 書, "亟以島中時移謄安達三所藏門下文字疏章書
記理氣說若千篇者出而示之"

101) 崔益鉉, 『勉菴集』, 年譜, "先生自少景仰奇公德義曾於在謫時因其門人
安達三得見其論學文字數十篇以爲此與我華西先生旨訣大畧相以達

騰秒爲二册子而歸"

102) 崔益鉉, 『勉菴集』, 書, "吾在濟州見漢羅過長城奇丈席"

103) 崔益鉉, 『勉菴集』, 「蘆沙先生奇公神道碑銘」"任闢邪之功黜主氣之學以當一治之運"

104) 崔益鉉, 『勉菴集』, 「遊漢羅山記」, "恩出棘遂定直計約士人李琦男前進指路冠者十餘下隸五六蹕焉時三月二十七日甲子也"

105) 崔益鉉, 『勉菴集』, 祭文, 「橘林書院遺址祭五先生文」"睠彼橘林我心靡樂牧馬墾田俎豆寂寞孰主張是視天漠漠"

106) 崔益鉉, 『勉菴集』, 祭文, 「橘林書院遺址祭五先生文」, "蕞爾耽羅久未破荒尨言皮眼陋矣俗尙憶我五賢于坎于職觀感興作民到今式苟究其由意實自天"

107) 崔益鉉, 『勉菴集』, "登漢挐山 遍觀白鹿潭 千佛巖諸勝 挐之爲山 盤據於大洋之中 爲東國三千里捍門 世所稱朝鮮三神山之一者也 雄偉磅礡 上接霄漢 且雲霧常掩翳眞面 統計一年 晴晝無幾 故自古騷人 韻士 名宦 達官之來遊是島者 每多有陟彼之願 而莫之遂矣 先生登臨 天朗氣淸 經宿兩宵 壯觀而歸 州人謂先生之於此山 仙分甚厚云 有記文

108) 崔益鉉, 『勉菴集』, 「遊漢挐山記」, 日玆山蟠根四百里 高距天才尺 五月雪尙不消 最上白鹿潭 乃羣仙降遊之地 雖當晴晝 白雲恒坌集 世所稱瀛洲 而備數於三山之一者也 豈常調凡人所可容易遊覽也

109) 崔益鉉, 『勉菴集』, 「遊漢挐山記」, 乙亥春 適以特恩出棘遂 定尋眞計 約士人李琦男 前進指路 冠者十餘 下隸五六蹕焉 時三月二十七日甲子也

110) 洪重徵, 登瀛邱, 石竇？然處 巖花無數開 花間管絃發 鸞鶴若飛來

111) 崔益鉉, 『勉菴集』, 「遊漢拏山記」, 出自南門 行十里許 途傍有一溪 漢拏
北麓之水 於此會注而入海 遂立馬岸上 緣崖下數十步 兩邊蒼壁削立
當中有石橫跨作門形 長廣容數十人 高可二才 來刻訪仙門及登瀛丘
六字 亦有前人題品 卽十景之一門 內外上下 淸沙白石 磨礱潤澤 眩人
眼目 水團躑躅 列植左右 方蓓蕾丰茸 亦甚奇絕 盤桓少頃 殊無歸志

112) 崔益鉉, 『勉菴集』, 「遊漢拏山記」, 昧爽而起 使從者視之 所報一如初昏
時而反甚焉 且言宜直還 留俟後日者 殆十之七八 乃强飮一盞紅潮 吸
一呷羹 遂遠衆策馬而前 石逕頗險窄 至五里許 有大阜 名曰中山 盖官
行登陟時 卸馬替轎之地

113) 崔益鉉, 『勉菴集』, 「遊漢拏山記」, 上峰 至此忽然中坼 洿下成坎 卽所
謂白鹿潭也 周可里餘 止面淡淡 半水半氷 水旱無盈縮 淺處可揭 深
處可厲 淸明潔淨 不涉一毫塵埃氣 隱若有仙人種子 四圍山角 高低等
均 直天府城郭

114) 崔益鉉, 『勉菴集』, 「遊漢拏山記」, 行十里許 至瀛室 高頂深 頭頭惟石
森列碓威 亦捴是佛形 其數不但以百千計焉 卽名千佛巖 亦所謂五百
將軍也 較之山南 尤爲奇壯 山底有一川 流出注海 第傍於道塗殊涉露
班荊小憩 遂行二十里 出西洞口 營卒牽馬來待 入人家 炊飯療飢 薄
暮還城

115) 崔益鉉, 『勉菴集』, 「遊漢拏山記」, 平鋪寬曠 不甚眩視 上逼象緯 下俯
人境 左顧扶桒 右接西洋 南指蘸杭 北控內陸 點點島嶼 大如雲片 小
如鷄卵 驚怛萬狀

116) 崔益鉉, 『勉菴集』, 「遊漢拏山記」, 盖玆山根於白頭 南走四千里 爲靈岩
月出山 又南走爲海南達摩山 達摩渡海五百里 爲湫子島 又五百里 西
起于大靜 東止于旌義 中聳爲絕頂 東西二百里 南北百里强

117) 崔益鉉, 『勉菴集』, 又曰 山之形局 東馬南佛 西穀北人 是皆無稽之論
惟以形局之說 彷彿想像 則其屈伸高低 勢若奔馳似於馬 危巖層壁 森

列拱揖 同乎佛 平鋪廣遠 散漫離披 類于穀 拱抱向北 妍美秀麗 疑於
人 故馬産于東 佛萃于南 穀宜于西 人傑多於北 而向國之誠 殊別焉

118) 崔益鉉, 『勉菴集』, 「遊漢拏山記」, 夫以彈丸孤島 砥柱大海 在邦爲三千
里 水口捍門 外寇不敢伺 而山珍海錯 可合御供者 多由是出焉 公卿大
夫 匹庶日用所需 境內六七萬戶 耕鑿資業 亦於此取足 其利澤功利之
及於民國者 又豈可與智異金剛 只資人觀玩者 同日語也 惟玆山僻在
海中 清高多寒 決非志完氣盛而骨強者 不可登矣 而其遇於人者 亦不
過敎百年內爲官長者 若干人而止耳 其在前賢巨筆 終不得一經發揮
故世之好事者 只以神山荒唐虛無之說亂之 而不及其他焉 豈山之所
性也哉 聊書此 以告夫欲往遊而未能者 旃蒙大淵獻伸夏日

119) 崔益鉉, 『勉菴集』, 幾年絶域隔紛塵 四月南風雨露新 山籟都收波面靜
一場快做壯遊人 縹緲靈山不受塵 鹿潭瀛室渡頭新 蠡迹雖慚仁智樂
庶能誇我遠遊人

120) 김봉옥, 『증보 제주통사』, 도서출판 세림, 2001, 226-227쪽.

121) 김봉옥, 『제주통사』, 도서출판 제주문화, 1990, 212쪽.

【ㄱ】

제주학총서 12

제주유배길에서 만난 사람들

2012년 8월 20일 초판 1쇄 발행
2013년 7월 19일 초판 2쇄 발행
지은이   양진건
펴낸이   허향진
펴낸곳   제주대학교출판부(등록 제주시 제9호)
                주소 : 690-756 제주특별자치도 제주시 제주대학로 102
                전화 : 064)754 - 2275
                팩스 : 064)702 - 0549
                http://press.jejunu.ac.kr
사진   제주대학교 스토리텔링연구개발센터 장공남, 강동균
북디자인   디자인키
제작   도서출판 보고사
                서울시 성북구 보문동 7가 11번지
                전화 : 02)922 - 2246

ⓒ양진건, 2012
정가 15,000원
ISBN   978-89-5971-081-2 03900